2023 年度河北省社会科学发展研究课题“英汉翻译课程（非英语专业）美育教育实证研究”（课题编号：20230204042）的研究成果
2023 年度河北省高等学校英语教学改革研究与实践项目“‘三进’背景下大学英语课程思政教学资源建设与应用研究”（2023YYJG019）的研究成果

英汉翻译的维度思考与美学价值体现

杜俊杰　初胜华　著

燕山大学出版社
·秦皇岛·

图书在版编目（CIP）数据

英汉翻译的维度思考与美学价值体现 / 杜俊杰，初胜华著. —秦皇岛：燕山大学出版社，2024.5

ISBN 978-7-5761-0640-4

Ⅰ. ①英… Ⅱ. ①杜… ②初… Ⅲ. ①英语－翻译－研究 Ⅳ. ①H315.9

中国国家版本馆 CIP 数据核字（2024）第 040564 号

英汉翻译的维度思考与美学价值体现

YINGHAN FANYI DE WEIDU SIKAO YU MEIXUE JIAZHI TIXIAN

杜俊杰 初胜华 著

出 版 人：陈 玉

责任编辑：张 蕊　　**策划编辑**：张 蕊

责任印制：吴 波　　**封面设计**：刘馨泽

出版发行：燕山大学出版社 YANSHAN UNIVERSITY PRESS　　**电　　话**：0335-8387555

地　　址：河北省秦皇岛市河北大街西段 438 号　　**邮政编码**：066004

印　　刷：涿州市般润文化传播有限公司　　**经　　销**：全国新华书店

开　　本：710 mm×1000 mm　1/16　　**印　　张**：13.75

版　　次：2024 年 5 月第 1 版　　**印　　次**：2024 年 5 月第 1 次印刷

书　　号：ISBN 978-7-5761-0640-4　　**字　　数**：220 千字

定　　价：58.00 元

前　言

翻译是人类文明发展和各国之间文化交流的重要介质，由此产生的翻译学无疑是中西文化发展史上的一个重要学科。在全球化快速发展的背景下，各学科必然会形成融合。历史上，英汉翻译最初是东西方基于修辞、文论而开展的翻译活动，因而早期的翻译理论被视为翻译学研究的文艺学派。到了现代，语言学与文化学发展到新的阶段，翻译学研究也随之形成了两个派别，即语言学派和文化学派。但依其本质，在英汉翻译理论的相关探讨中，文本审美性的话题最受关注，这也是诸多研究者近年来一直关注翻译美学的原因所在。

基于此，笔者撰写了《英汉翻译的维度思考与美学价值体现》一书，在内容编排上共设置六章。第一章作为论述的基础与前提，探讨翻译的内涵与发展、英汉翻译中的美学意识、英汉翻译中文化因素的维度思考；第二、三章分别探讨英汉翻译的技巧维度与文化维度；第四章阐述英汉翻译的审美体现，分析英汉翻译的美学体系、英汉翻译中的语言审美、英汉翻译审美的主客体、英汉翻译中的审美再现；第五、六章以价值为核心，研究文学体裁英汉翻译的价值体现和应用文体英汉翻译实践的多维度价值体现。

本书有三个特点：第一，将语言审美作为贯穿英汉翻译美学理论的基线、主线；第二，关注语言审美和翻译审美的价值观，本书明确地把价值观论引入语言审美和翻译美学的讨论中，这对于形成正确的语际语言观、语际语言审美观和语际审美转换观具有关键指导价值；第三，坚持描写主义理论原则，以求实态度直面语言现实，给读者和研究者提供思考途径和操作策略。

由于时间仓促，加之英汉翻译研究的不断发展，书中难免存在不足之处，希望各位专家、读者给予批评与指正。

目　录

第一章 绪 论

在全球化的趋势下，文化逐渐呈现多元一体化发展，语言之间的互译作用显得尤为突出，人们通过翻译达到沟通的目的。所以，对于英汉翻译的研究显得尤为重要。本章主要围绕翻译的内涵与发展、英汉翻译中的美学意识、英汉翻译中文化因素的维度思考等三方面展开论述。

第一节 翻译的内涵与发展

一、翻译的内涵

（一）翻译的类型划分

1. 根据翻译的相关要素分类

翻译是一项专业工作，其定义和概念较为宽泛，从某个角度来说，翻译的中心在于语言符号之间、语言符号与非语言符号之间的相互转换。结合现实而言，人们口中所提及的翻译主要指的是语言符号之间的相互转换，把基于某一种语言活动形成的言语产物转换为另一种语言。如果以处理方式作为划分依据，则翻译活动可以划分成多种类型。

（1）以翻译的活动方式作为划分依据，可将其分为机器翻译、口译与笔译。机器翻译是在计算机技术和设备的基础上开展的翻译活动，包括网络翻译，人工只发挥协助作用，具有快速、便捷的优势，并且随着互联网的普及得到广泛使用。口译一般在经贸谈判、游览参观、外交会晤、学术研讨中使用较多。笔译在文学翻译、公文交换、科学著作和商务信息等活动中使用较多。

（2）以翻译活动的处理方式作为划分依据，可将其分为编译、全译、节译、摘译等多种类型。其中，编译是译者将原文翻译出来之后再进行加工处理。全译是译者完全依照原文进行翻译，不按照自己的意愿对译文进行修改和增减，但是可以按照相关需求为译文增加评论或说明。节译是利用节缩的方式对全部或部分原文进行翻译，保留原文中比较完整的结构或框架。摘译是译者结合实际需求，翻译原文中的部分章节或中心内容。译者一般会对原文的内容概要和核心内容进行摘译。

（3）以翻译的目的语和源语为依据进行划分，可将其分为语内翻译、语际翻译和符际翻译等。语内翻译是指将某一语内的一种语言变体转换为其他种类的语言变体，如把普通话翻译成广东话、四川话翻译成湖南话、古代汉语翻译成现代汉语等。语际翻译是指不同种类语言之间的转换，如把汉语原文翻译成德语、把德语原文翻译成汉语。符际翻译是指非语言符号之间的相互转换，如我们在陌生的城市或者国家工作、生活或旅游，虽然无法理解当地的语言，但能看懂道路上红绿灯的含义。

（4）以翻译材料的文体作为划分依据，可将其分为应用文体翻译、论述文体翻译、新闻文体翻译、文学文体翻译、科技文体翻译等诸多类型。应用文体具体指合同、启事、私信、公函、广告、通知、契约等文体。论述文体指演说报告和社会科学著作等。新闻文体由新闻评论、新闻报道和电讯等文体构成。文学文体包括诗歌、戏剧、小说和散文等。科技文体包括实验报告、产品说明、科学著作、情报资料和设备操作规程等。

2. 根据雅各布逊的方法分类

罗曼·雅各布逊是美国著名的语言学家与翻译理论家，其在著作《论翻译的语言学问题》中探讨了翻译的类型。在翻译概念方面，他认为翻译的本质是利用另外一种语言符号对原文进行解释，涵盖语言学和符号学两种代码性质。在这一前提下，可以将翻译划分为语内翻译、语际翻译和符际翻译。按照这种划分方式可以完全覆盖各种语言的交流活动。

（1）语内翻译。此类翻译是指对同一种语言中的两种不同语言符号进行相互转换，比如将由古汉语写成的《史记》转译为现代汉语；将由古英语写成的《贝奥武甫》转译为现代英语；又如将我国各地方言转译为普通话等。由此可见，语内翻译就是使用同一语言的不同说法对同一语言材料进行释义。语内翻译是以解释语言材料为统一方向。

（2）语际翻译。此类翻译是指利用一种语言对另一种语言进行阐释，是两种不同语言间的相互转换过程，这也是人们最常见的翻译类型，即狭义层面的翻译，如将英语翻译为汉语、将汉语翻译为英语等。语际翻译中所涉及的原文是在一定文化背景下创作的，对其进行翻译时，是将其放到另一种文化背景下进行阐释。若想获得高水平的翻译成果，就需要基于不同文化寻求两种语言符号的对等。按照符号学理论，指示意义是语际翻译是否准确的关键，通常一个语言符号的指示意义由语义意义、句法意义和语用意义三种类型组成，因而在语际翻译时若要达到精准翻译与解读，必须将这三种意义正确传达出来。

（3）符际翻译。此类翻译是指利用非语言符号对语言符号进行阐释，即语言和非语言符号之间的转译。比如将英语转译为计算机代码，将英语转译为数学符号，将语言转译为手势语等。同时，非语言符号之间的转译也是符际翻译。符际翻译是一种对语言信息、非语言信息综合开展分析的翻译方式，与当前所进行的各种非语言交流活动更加贴合，对文化的传播以及信息的交流有着支持与促进作用。①

需要注意的是，符际翻译并不是针对原文的含义进行直接传递，而是针对人们关于原文的直观感受进行传递，也就是阐述图像符号所代表的意义和具备的特性。具体来说，符际翻译对等意味着原文和译文的物理特征存在一定的相关性。

3. 根据卡特福德的方法分类

卡特福德是英国著名的翻译理论家，他认为翻译的类型有以下几种。

（1）根据翻译语言的等级（包括词素、词、短语、意群、分句、句子等）

① 魏姝 . 国内符际翻译研究透视 [J]. 北京邮电大学学报（社会科学版），2013，15（5）：93.

进行划分，翻译主要包括意译、逐词翻译和直译等类型。其中，意译是在不同层级之间进行转换或改变，不受限制和约束，但是总体是向更高级别的等级进行变化，甚至对句子所属的层次进行超越。逐词翻译是在单词级别的基础上建立起等值关系。直译处于意译和逐词翻译之间。

（2）以翻译的范围作为划分依据，翻译主要包括部分翻译和全文翻译两种类型。部分翻译是指对文本中的一部分内容按照源语直接不变地转译（一般是在目的语中无意义地音译）出来，不作翻译。但是这类翻译与节译还有一定不同，前者受到一些因素的影响，不能翻译原文中的一些特殊词语，只能把它们直接搬到译文中。全文翻译顾名思义就是使用目的语对文本内容进行全部翻译。

（3）从翻译的层次来看，翻译包括语法、词汇、语音、词形等多种层次，以此作为划分依据，翻译包括有限翻译（restricted translation）和完全翻译（total translation）。有限翻译是指利用相同层次的译语对原文本内容进行等值转换。完全翻译是指利用译语的词汇和语法等值代替原文本的词汇和语法。

（二）英汉翻译的基本原则和具体要求

1. 英汉翻译的基本原则

一般来说，人们会将翻译必须遵循的基本原则作为评判译文质量和翻译实践成效的重要标准。无论是国内还是国外的专家学者，一直在讨论翻译的标准。正是因为这些长时间、高热度的讨论、研究，才推动翻译理论不断进步、日趋完善。所以，我们的翻译实践活动要以前人的研究成果作为指导，并将“忠实”和“通顺”两个翻译的基本原则贯穿于翻译实践的始终。忠实是指译文要对原文内容和思想进行准确表达，通顺是指译文的文字语言要流畅。具体来说，翻译时要坚持忠实原则，要求译者将原文的内容、思想情感、体裁风格准确表达出来，再将原文的特色呈现出来。翻译不是译者进行艺术创作的过程，而是利用另一种语言准确表达原文的过程。译者不能按照自己的意愿和需要随意增改、删减、遗漏、歪曲、篡改原文，如果译文无法和原文保持一致，则不能称之为翻译。就译者来说，必须准确了解原文内容、思想，将原文的语法关系、逻辑关系和词义理解透彻，让译文始终服务于原文。

通顺要求译文符合目的语的表达习惯，读起来一气呵成、流畅通顺，而不是晦涩难懂。

结合上文可以发现，忠实、通顺是翻译必须遵循的原则。从本质上来说，忠实与通顺是紧密相关的，忠实于原文才能译出通顺的译文，通顺的译文必须以忠实原文作为支撑，二者相互影响与依存。如果译文通顺但不忠实，则无法将原文的思想和内容准确表达出来，就不能称之为翻译；而若译文只有忠实却不通顺，就会让人难以理解，无法实现翻译的目的。

2. 英汉翻译的具体要求

（1）针对英汉翻译学生提出的具体要求。

我国的英语翻译教学活动始终遵循“忠实”“通顺”的原则，这在各种类型的英语等级考试、非英语专业和英语专业的英语教学大纲中显而易见。

就我国高等院校的英语专业来说，不同等级英语专业的翻译教学设置有不同要求（见表 1-1）：

表 1-1　高校英语专业的翻译教学要求

入学要求	能以准确且通顺的语言将高三层次难度以内的文本翻译为汉语
二级	能以准确且通顺的语言独立翻译各种练习题目
四级	能在忠实原文的前提下以流畅的语言表达独立翻译各种练习题目
六级	能够理解翻译的基础理论，清楚区分、识别英语与汉语的相同和不同，掌握一定翻译技巧；能够以每小时 250 ～ 300 个英语单词的翻译速度对原文进行精确、通顺的翻译；能以英译汉相同速度完成中等难度的文章、段落翻译；能为外宾提供流畅的口译帮助
八级	能以每小时 250 ～ 300 个英语单词的翻译速度，结合翻译理论与技巧，完成多种文体翻译，包括将英 / 美报刊文章、英文文学原著翻译为汉语，或者将我国报刊文章、文学著作翻译为英语等。要求所翻译的译文忠实于原文，且语言通顺。能为一般外事活动提供流畅的口译帮助

高校英语专业四级、专业八级考试中对翻译的要求是：

在将英语翻译成汉语的过程中，应试者要对英译汉的相关技巧和理论进行灵活运用，可以准确翻译英文报纸上的政治、历史、文化和经济等内容及英文著作的原文。翻译速度要控制在每小时 250 ～ 300 字。译文要对原文忠实并且保持通顺。

在将汉语翻译成英语的过程中，应试者要对汉译英的相关技巧和理论进行灵活运用，可以将我国国情的相关介绍、来自国内报刊上的相关论述以及文学名著中的部分内容准确翻译出来。翻译速度要控制在每小时 250 ～ 300 字。译文要对原文忠实并且保持流畅。

非英语专业的教学要求有所不同，我国高等院校针对非英语专业学生开展的大学英语教学课程分为不同的阶段，主要包括针对大一、大二学生的基础阶段和针对大三、大四学生的应用提高阶段。由此一来，翻译教学要求也包括两个不同阶段。

基础阶段的基本翻译要求是翻译水平达到四级。即在词典的帮助下，用每小时翻译 300 个英语单词的翻译速度将难度系数稍低的英语短文准确翻译成汉语短文，要忠实于原文且流畅；或在词典的帮助下，用每小时翻译 250 个英语单词的翻译速度将比较熟悉、难度不高的汉语内容准确翻译成英语，要忠实于原文且流畅。

基础阶段的较高翻译要求是翻译水平达到六级。即在词典的帮助下，用每小时翻译 350 个英语单词的翻译速度将难度系数稍低的英语短文准确翻译成汉语短文，要忠实于原文且流畅；或者在词典的帮助下，用每小时翻译 300 个英语单词的翻译速度将比较熟悉、难度不高的汉语内容准确翻译成英语，要忠实于原文且流畅。

在应用提高阶段，专业英语对翻译提出较高的要求。即在词典的帮助下，用每小时翻译 350 个英语单词的翻译速度将专业性较强的英语文章准确翻译成汉语短文，要对原文的内容和思想准确理解；或者在词典的帮助下，用每小时翻译 300 ～ 350 个英语单词的翻译速度将熟悉的、专业性较强的汉语内容准确翻译成英语，要对原文的内容和思想准确理解。

应用提高阶段所提出的翻译的要求更加严格，即在词典的帮助下，用每小时翻译 400 个英语单词的翻译速度将难度较高的英语文章准确翻译成汉语短文，要对原文的内容和思想准确理解，译文流畅；或者在词典的帮助下，用每小时翻译 350 个英语单词的翻译速度将涉及熟悉题材的汉语文章准确翻译成英语，译文要完整表达原文内容且流畅。

英语自学考试的标准大纲中规定的翻译要求为用每小时翻译 300 个英语单词的笔译速度，把英语阅读材料翻译成汉语材料，要求译文流畅、准确。把难度较低、结构比较简单的汉语句子翻译成英文句子，要求译文基本符合原文意思。

（2）针对英汉翻译工作者提出的具体要求。

一是要求译者的知识水平较高。作为一个翻译工作者，必须对汉语语言和英语语言的基础理论知识与专业知识有所掌握。要想将英汉互译工作做好，最基本的素养是将英语语言和汉语语言的基础理论知识吃透。对于译者来说，专业知识是“加分项”，也是完成翻译工作的重要因素。只有对新闻有所了解才能将新闻文章翻译好，只有熟悉文学才能将文学著作翻译好。

二是要求译者对百科知识有较为全面的了解，包括自然、社科等多个方面，而这都要靠平时的阅读积累。除此之外，译者还要对国家的政治、经济、地理、风俗民情、传统文化、历史等各方面的基本概况进行了解。

三是要求译者在翻译过程中谨慎使用对等意识，避免出现狭隘对等意识。一般来说，对等意识确实是两种语言转换时需要注意的因素。但是不同语言会因为历史传统、民族文化、风俗习惯、自然环境等而出现差异，这表现为两种语言对同一种事物或现象进行描述时会使用不同的表达方法和词汇。如果强制要求语言转换时实现对等，那么译文就很难被理解、读懂。

四是要求译者必须具有爱国主义精神。从事翻译的工作人员，要结合我国的实际国情，选择优秀的作品进行翻译，对原文进行理解和分析时必须持有正确的态度、观点、方式以及立场。此外，为了增强世界其他国家人民对中国的认识和了解，译者还要通过翻译对我国的传统文化、道德风尚进行宣传，增进中国与他国的情感交流和友好合作。

（三）翻译的过程

1. 理解阶段

正确理解是准确翻译的关键环节，是精确表达的基础。具体而言，在阅读原文时，译者需要对原文表达的内容进行深入思考，这是一个认识、掌握原文内容、情感表达以及行文风格的过程。

理解，也可以被视为对源语解码的过程。为使解码更加准确，译者需要了解源语的文化背景以及表达习惯，全面获取原文信息。理解不仅包含对原文信息的获取，还包括对特定词汇在不同语境下含义差异化的掌握，以及对于句法结构和惯用的表达方式的深入了解。

（1）理解原文词汇的含义。汉英翻译需要以对词汇的理解为开端，逐步扩展到对短语、句子、段落以及整个篇幅的理解。

第一，合格的译者应该从了解原文词汇入手，正确理解其含义再进行翻译。由于汉语和英语在词汇含义上的差异，例如有时英语中的一个单词，能够表达汉语中两个不同词语的含义；翻译时需精准把握词汇的含义，切忌望文生义。

第二，在理解原文词汇表层含义的基础上，译者要充分结合上下文语境，了解深层含义。对原文的理解，不应仅局限于字面意义，还要深入挖掘字里行间隐藏的含义，同时需要以合适的方式进行表达。

（2）理解原文语法的结构。在进行汉英互译时，译者除了需要准确把握两种语言的语篇含义外，还应该掌握英语和汉语语法的差异，以提高译文的质量。

第一，掌握汉英两种语言的句法结构，明晰二者在结构方面的区别。英语句子的构成一般采用“形合法”，其主要特点在于三个方面：一是结构紧凑严密；二是重视结构的稳定；三是句子形式多样，但都是由主语和谓语搭配作为句子的主要架构，具体可划分为六种句型。相对于英语的句子结构，汉语的句子结构更为复杂，常采用“意合法”，即以表达含义为主要目的，结构简洁清晰。在翻译过程中，译者对于这两种句子的处理方式也有所不同。汉译英时，译者在确定汉语句子含义之后，才能对句法结构进行解析；而对英语句子的处理是相反顺序，在对句法结构进行解析的基础上，才能理解句子的含义。

第二，汉英翻译过程中，译者还应注意翻译过程中的句法转换。一般而言，两种语言在主谓语的搭配方面并无较大差异，但需要注意的是，汉语中“流水句”居多，而英语句子严格遵循主谓搭配。在一个英语句子中，只有一个主语和一个谓语，其他成分通过非谓语动词的方式呈现。因而，在进行两种句子的互译时，译者应该充分考虑句子结构的特点：在英译汉时，应该采用形合变为意合的方式；在汉译英时，应该采用意合变为形合的方式。

第三，翻译时需注意词的形态。这主要源于英语词语有形态上的变化，而汉语没有。另外，汉语与英语的词类区分以及不同词类的使用频率也存在较大差异，如介词、名词在英语中应用频繁，动词则在汉语中应用频繁。因而，在进行汉英互译时，不能严格按照原文的词性进行翻译，要结合目的语的特点，灵活变换词类，确保所翻译句子的语言特点与目的语语言特点相一致。

（3）理解原文的逻辑关系和情感意义。不同人的思维方式、语言逻辑各不相同，所以，译者必须秉承严谨的态度，结合具体语境，对原文的逻辑关系进行准确把握，深入理解原文的语言风格，在充分尊重原文逻辑和内容的基础上进行翻译。另外，译者也需要理解原文的情感意义，即原文作者的情感以及态度的联想含义。译者应该注重对译文细节的把握，力求译文能够保持原文的情感和态度。因此，只有译者充分理解了原文的语义，才能通过合适的选词以及句子结构将原文情感恰如其分地表达出来。

另外，译者还应该注意汉语与英语中修辞的差异，以避免因修辞的使用使语段产生逻辑矛盾。例如，在汉语表达中，某些修辞的使用是合乎逻辑的，但在将其翻译成英语时，译者要考量这些修辞手法是否在英文中也同样适用，是否会产生逻辑混乱。

2. 表达阶段

理解与表达是两个不同的阶段，在翻译过程中发挥着不同的作用，但二者是相互联系、密不可分的。理解讲求准确，表达讲求充分。充分的表达可以使理解更加准确。而准确的理解是表达的基础。

充分的表达体现为译者能够将原文的内容、表达的情感以及作品风格淋漓尽致地展现出来。这对译者而言是具有一定难度的，重在对翻译文本的整体掌控。在具体表达时，应掌握好表达的“度”，既要避免过分表达，也要避免欠充分表达。过分表达，即在翻译过程中，不顾原文本意，按照译者的理解，任意添枝加叶。欠充分表达，即不尊重原文本意，任意删减。表达的效果主要由两个方面决定：一是译者对原文含义的理解程度；二是译者的语言修养水平。对原文含义的深入理解是充分表达的前提，但正确理解并不代表能够正确表达。由于不同语言在表达方式、语法、句式等多方面存在差异，翻译时必须结合语言特点，采用合适的方法灵活处理。

3. 校核阶段

校核工作包括两点：一是对原文内容进行核实；二是再次对译文进行推

敲。校核是翻译的最后一个程序，也是对前两个阶段的深化，是非常重要的环节。校核不是粗略看一遍原文，改正明显错误，而是对译文再一次加工的过程。好的译文就像精美的艺术品，需要精雕细琢才能完成。校核前的译文，就像一个毛坯，需要修饰和完善，当然，它也可能存在严重的错误。因此，译者需要充分认识到校核工作的重要性，认真对待该环节。

校核是对译文的检查，工作内容包括：一是查漏补缺，即在翻译过程中是否有遗漏之处；二是检查译文是否有错误，例如数据、时间等关键信息的翻译是否正确，是否存在由于疏忽导致的“低级”错误。

校核阶段应该注重以下五点：①关键性信息是否正确翻译，如地理位置、日期时间、人名、地名以及数字等。②理解阶段存疑的重要词语是否翻译正确。③发现并纠正错译的内容，对于翻译欠妥的内容，应该进一步修饰。④争取在译文中不存在晦涩难懂的词汇，译文的段落标记以及标点的使用应该准确无误。⑤一般情况下，应该校核两遍。第一遍重点校核内容，第二遍校核偏重文字润色。如果时间充裕，应该再对照原文将译文通读一遍，进行最后的检查和修改，将所有问题都解决后，译文才能够定稿。

综上所述，理解、表达和校核是翻译的三个关键阶段，三者缺一不可，彼此紧密联系。理解是表达的前提，理解的准确与否对表达效果的优劣有直接影响。因此，译者只有对原文的背景知识有一定了解，才能更好地理解。表达是决定翻译质量的关键因素，不仅要保留原文的原貌，包括含义、风格等，还需要符合目的语的语言表达习惯。校核在翻译的过程中发挥着把关的作用。即使译者的能力再强，对原文的理解再透彻，表达得再恰到好处，也不可避免会出现疏漏。一部好的翻译作品要经过译者的多次校对和润色。

（四）英汉翻译的技巧方法

有学者认为翻译技巧的关键在于变通，如果不变通，那么翻译不仅达不到理想的效果，而且很难推进下去。[①] 因而，在诸多实践探究基础上，人们总结归纳出一些能够有效帮助译者进行翻译的操作技能，这些操作技能看似抽象，却有着丰富的语言文化基础。以下为基于数学公式套用总结归纳的几种

① 曹文娟，张婷．英语翻译教程 [M]. 长春：吉林人民出版社，2019：44.

翻译技巧：

一是加词但不改变意思，即“2+1=2”。

二是减词但不改变意思，即“2-1=2”。

三是改变符号但不改变意思，即“2+2=3+1”。

四是前后移动词但不改变意思，即“1+2=2+1”。

五是划分后进行翻译，即“4=2+2”。

六是集合后进行翻译，即“2+2=4”。

七是具体化进行翻译，即“1:2=2:4”。

八是抽象化进行翻译，即“2:4=1:2”。

九是灵活对等进行翻译，即“2+2=2×2”。

十是“一分为四”进行翻译，即“4=1+1+1+1”，如将莎士比亚戏剧中的woe翻译为“离合悲欢”。

十一是“合四为一”进行翻译，即“1+1+1+1=4”，如将鲁迅文章中“管它冬夏与春秋”翻译为“I do not care what season it is.”。

如此套用数学公式来表达翻译技巧，更易于让人看懂和理解。在具体的翻译过程中，要按照实际的语言特点与逻辑结构需要选择合适的方法，从而使所翻译的内容简单易懂。

词义结构、句法结构和词性增加了翻译的难度，因此，人们针对这三方面探寻到一些方法和技巧。常用的翻译技巧包括以下几种。

1. 解包袱

词和词的关系通常是直接明了的，在中文体系中，人们一般可以通过“的”来理解前、后词的关系，如“清澈的泉水”，用“清澈的”作为形容词对后面的名词“泉水”进行修饰。英文体系中也可以通过单词的词性来明确词与词之间的关系，如wonderful performance，wonderful是修饰词，performance是被修饰词，其关系区分的关键在于以“-ful”结尾表明词性为形容词。然而，不是所有词语关系的显示都能够如此明显。

语言实际运用中，词和词的关系是复杂的，翻译的前提是“解包袱”，即对词和词的关系进行梳理，在明晰关系的基础上进行翻译，能够更好地把握目的语之间的逻辑关系。虽然在理解各类词的关系时要解开“包袱”，但在具体表达中还可以采用“意见领袖”（保罗·拉扎斯菲尔德，1940）的翻译技巧。如下是运用“解包袱”法进行翻译的示例：

例 1：We want to buy high quality steel.

译文：我们要买高质量的钢材。

例句中 quality 和 steel 都是名词，而二者相衔接所体现的关系则类似于形容词与名词。通常我们所见到的多是直接用形容词对名词进行修饰，而在复杂关系存在的前提下，在翻译过程中也需要结合具体语境进行合理分析，不单单将名词的衔接看作“名词 + 名词”，也要理解其修饰作用。quality 是 steel 的一种属性，前边再加上 high 就能够直接确定其起到形容词的作用，用于修饰 steel。

例 2：I am pleased to be here to offer a U.S. business perspective on one of today’s great quality challenges: building a high skills/high wage workforce.

译文：我很高兴在这里介绍目前美国商界对于我们员工素质方面所面临的挑战的看法，即怎样成立一支技术强、薪酬高的劳动队伍。

例句中所使用的 quality 与其他词之间的关系就不同于上一例句所体现的关系，此句中 quality 所指的是 challenges 的范围。如果没有搞明白这一关系而按照形容词进行翻译，译为“质量的挑战”，于读者而言是难以读懂的。

例 3：Noise abatement procedures.

译文：抑制噪声的措施。

例句是由三个名词连接组成的，在英译汉翻译过程中需考虑到译文的关系，以及目的语对相关关系的有序表达，即该句中词与词的关系是 the procedures abate noise，因而要按照这种关系翻译为中文。

以上例句中所运用的解包袱法不仅将紧密衔接的词义关系梳理开来，而且也明确了隐藏的关系，有利于帮助译者更好地理解文本，为准确翻译提供支持。应用解包袱法不是说将语义关系解开后就直接原封不动地按照解开的样子进行翻译，而是要考虑到具体语境。如一些原文经关系梳理后过于具体，在翻译时需要加词才能保证目的语能将译文关系清楚说明，而还有一些原文则经过关系梳理发现不解开包袱同样可以让读者理解，这时就按照原文原样进行翻译，这就是“意见领袖”的翻译方法。现代社会背景下，人们的生活节奏和工作节奏都纷纷加快，十分追求效率，因而原封不动的翻译方式成为不可避免的一种选择。解包袱有解包袱的好处，按照原文原样进行翻译可以促使读者遵循原文的思路进行思考；而不解包袱也有一定好处，尤其是在科技类文本中，一些原文包袱不解开才更能获得标准化的译文，将其作为一个符号进行翻译可以不影响其科技性。从语言本身来看，它作为一种媒介将人的思想硬性包围，体现出“暴虐性”的特点。解开了语言的包袱也很难确保其所指的意思符合现实，这是因为语言意义的传达会受到多种因素影响而发生未知变化，因而对于“意见领袖”的译法应保留性地看待。如果对原文进行原封不动的翻译后，对读者理解文本的准确性产生了影响，就需使用必要的变通手法，如加词等。

2. 反面着笔

反面着笔，亦可称为反说正译或正说反译。反面着笔的技巧原理是译文从原文的相反角度下笔进行翻译，译者可以对原文的词或短语甚至句子进行反面处理。译者之所以会使用反面着笔这种翻译方法，主要是从原文的角度无法完成翻译，句子难以通畅。如果难以从正面翻译，那么译者只能选择相反的角度进行翻译。如此一来，译文的忠实性和通畅性都能实现。有时译者也会出于让语言更优美的目的使用这种翻译方法，并不是无法使用正向的角度完成翻译。这种翻译方法会给译者带来“柳暗花明又一村”的感觉，在翻译过程中使用较多。

3. 分合移位

分合移位包括切分法、合并法和移位法。

（1）切分法。翻译中较为常见的方法之一就是切分法，切分对象可以是原文中的简单句，将句中某个难以处理的单词拿出，使之成为一个单独的从句。

例 4：Naive projection of the future on the basis of previous growth rates is ill-advised because it overstates actual future growth.

译文：如果依照之前的增长率预测未来是欠缺考虑的，因为那样会过度夸大未来的实际增长量。

例句中用 naive 对 projection 进行修饰，而 projection 表示的是一个动作，翻译时需将名词词性转换为动词词性，而 naive 若继续修饰 projection 就需转换为副词，实际上这并不可行，因而采用切分法将句子分为两个短句进行翻译。

（2）合并法。这一译法与切分法是相对的，译者在翻译时将一些语言成分合并在一起后按照中文语言习惯进行翻译，才能确保其顺畅性。合并时可以对词合并也可以对分句进行合并，还可以将多个句子进行合并。当合并处理多个句子时，译者实际上就是在对语段进行翻译，而不再局限于句子之间的障碍。

例 5：Thank you for your advice and counsel.

译文：谢谢您的忠告。

例句中 advice 与 counsel 表达意思相同，在原文中作为一种英语语言手段被重复使用，因而在翻译为中文时可将其合并。

（3）移位法。这也是翻译时常用的一种方法，把原文中的语言成分进行前后移动再进行翻译。具体翻译时移位法常被用于一个句子中，对一个句子内的词或短语进行前移或后移。若移动两个句子则需将其作为语段进行思考，在不影响文本逻辑释义的前提下可以进行移位。但通常而言，是不能同时对多个句子进行移位的。

4. 词性转换

词性转换是翻译过程中使用最多的方式之一。教师开展英语教学活动时经常跟学生强调词性这一概念。所以对于学生来说，他们十分清楚包括介词、名词、代词、形容词、副词、连接词、动词等在内的各类词性的区别。这对于英语学习帮助很大，但是在翻译过程中过分强调词性的概念会增加翻译的难度，主要是因为语言的表层结构是形成词性的重要基础，而英语语言和汉语语言在表层结构上有很大的差异。比如对于一个概念，英语可以用一个名词表示，汉语可能要用一个动词进行表示；再如英语里的形容词可以表达汉语语言里的副词。这样的例子非常多。词性转换是用来转换词语的手段和技巧，但是它的作用并不局限于词语，还能用来转换句型、调整词与短语中词的关系。

译者可以使用词性转换的方式解决一些翻译问题，如把名词转换成介词、把动词转换成名词。如果一句话很难翻译，使用词性转换的方式之后问题会迎刃而解。这也说明，翻译不能被原文的词性局限和制约。所以，奈达翻译理论的提出有利于突破词性的制约。奈达翻译理论的主要观点是对词性进行超越，让译者在更高或更深的层级更好地进行翻译。这些理论具有一定的来源依据，并且经常指导译者的翻译实践，具有重要的实践价值，应当作为重要的翻译技巧和方法传授给译者。但是一直以来，翻译界的专家学者只强调词性转换有利的一面，而对词性转换不利的一面缺乏关注，一味追求如何进行转换，却没有讲哪些不该转换。因此，必须重新阐述和解释转换的技巧，再不断完善技巧的适应性。下面将以认知语言学领域的相关观点对词性转换这种方法进行补充和完善。为了将词之间的关系阐述清楚，请看下面的例子：

例 6：She sings beautifully.

译文：她唱得很好。

例 7：the beauty of her singing

译文：她的歌声之美

例 8：Her singing is beautiful.

译文：她的歌声很美。

例 9：her beautiful singing

译文：她美丽的歌声

仔细一看，这四组例子所表达的基本意思一样，词之间拥有相同的深层关系，但是使用了不同的语法结构。之所以用它们作为例子，主要是对译者的理论基础进行巩固，让他们在翻译过程中突破词性的约束和束缚，更好地进行翻译。

总体来说，奈达翻译理论的提出直击了词性转换这种技巧的要害。其中的关键是，文字如果拥有相同的语义、不同的词性，则表达出的意思有很大的差别。所以我们要重视和强调一些认知语言学家的理论研究成果，如副词、名词、形容词和动词等词性在语言领域不只是拥有形式属性的价值，在语法范畴上也具备一定的作用。从下面两个例子便能看出名词和动词之间的不同。

例 10：The Boston bridge collapsed.

译文：波士顿大桥倒塌了。

例 11：the collapse of the Boston Bridge

译文：波士顿大桥的倒塌

从语义角度来讲，例 10 与例 11 所表达的意思是相同的，而从认知语言理论来看则有一定差别。例 10 中 collapsed 为动词，表达波士顿大桥倒塌了，由此带给人的感受是动态的，好似事情的发生就在眼前，是有画面、有景象的，存在延续感，基于观察者角度的动词表达过程是序列扫描。而例 11 中的 collapse 为名词，带给人的感受是静态的，好似事情已经发生了，所呈现的是动作的结果，画面是不动的，基于观察者角度的名词表达过程是概括扫描。也就是说，动词强调时间，重在事情发生过程的序列性，名词强调非时间，重在事情发生结果的非序列性。

5. 叠词对比

（1）汉、英语叠词的构成。

①汉语叠词的构成。其构成较为多样，主要包括单叠式与双叠式两种。

第一，单叠式。具体是指相同的字重复使用，如看看、缓缓、聊聊、哈哈、天天等，在此基础上也有各种样式的词组：

一是慢吞吞、冷飕飕、甜丝丝、绿油油、傻乎乎等词组，其中“慢”“冷”“甜”“绿”“傻”等属于形容词，是形容词 + 叠词形式。

二是眼泪汪汪、硕果累累、千里迢迢等词组，其中“眼泪”“硕果”“千里”等属于名词，是名词 + 叠词形式。

三是一座座、一张张、一件件等词组，其中“一”为数词，是数词 + 叠词形式。

四是醉醺醺、笑眯眯、颤巍巍等词组，其中“醉”“笑”“颤”等属于动词，是动词 + 叠词形式。

五是比一比、歇一歇、听一听、动了又动、拿了又拿等词组，在单叠词的两个字之间插入了其他字，是插入式单叠形式。

六是一心一意、有来有往、多才多艺、或多或少等词组，将单叠词中的两个字与另外不同的词进行错位穿插得到的词组，是间隔式单叠。

七是井井有条、亭亭玉立、窃窃私语、默默无闻、格格不入等词组，单叠词与其他字组成四字词语，是固定词组。

第二，双叠式。具体是指重叠双音词，包括：

一是朝朝暮暮、是是非非、慌慌张张、生生世世、踏踏实实、堂堂正正、昏昏沉沉等词组，双音词中两个单字以个体单位形式分别先后重叠一次，这是个体重叠。

二是彼此彼此、轰隆轰隆、叮咚叮咚、体验体验、尝试尝试等词组，双音词以整体形式重叠一次，这是连体重叠。

三是一年又一年、一次又一次、一天又一天等词组，在连体重叠的两个相同双音词之间插入一个其他词，这是插入式双叠。

②英语叠词的构成。

一是 ha-ha、hula-hula、so-so、bye-bye、hubba-hubba、tat-tat-tat 等词组，两个或三个单词发音完全相同的重复，为完全重叠。

二是 tittle-tattle、dilly-dally、pitter-patter、fiddle-faddle 等词组，两个单词中间的元音不一样，即“i”和“a”不同，为中间元音不同的重叠。

三是 helter-skelter、razzle-dazzle、hokey-pokey、hugger-mugger、hurly-burly 等词组，可明显看出两个单词的首字母不同，其发音也不同，为首音不同的重叠。

四是 tweedledum and tweedledee; kith and kin 等词组，为尾音不同的重叠。

（2）英、汉叠词变通翻译。

①重复法。在汉语中许多叠词被用于描述心情和感受，其感情色彩丰富，能够增加语言文字表达的生动性和形象性，英语中的叠词则很少有这种作用。在对这类汉语进行翻译时，为保留其生动形象的修辞效果，译者可运用重复法进行变通翻译。

第一，以英语标点符号或连词连接的重复。具体如下：

例 12：她的爱情像一朵红红的玫瑰花。

译文：Her love is like a red, red rose.

例 13：我们走啊走啊，一直走到深夜。

译文：We walked and walked until very late in the night.

例 14：汽车咔嗒咔嗒地沿街驶过去了。

译文：The car clattered and clattered down the street.

例 15：他们谈呀谈呀，一直到深夜。

译文：They talked on and on until late in the night.

例 16：我们等啊等啊，好像他们永远不来了似的。

译文：We waited and waited, it seemed that they would never turn up.

例 17：春雪连连，河底向天。

译文：If in spring there's again and again snowfall, then the river-beds will lie dry and bare all.

例 18：他在这个老问题上谈论来谈论去。

译文：He talked round and round the same old problem.

第二，以 by、on、for、after 等介词连接的重复。

例 19：演讲者把预先写好的讲词一字一字地读出来。

译文：The speaker delivered the speech he had written word for word.

例 20：我看到工作一步一步地开展。

译文：I saw the work advancing stage by stage.

例 21：这位科学家一年又一年地做出新发明。

译文：The scientist makes new inventions year after year.

例 22：这孩子一年年地长高。

译文：The boy grows taller year by year.

例 23：他常常去参观博物馆。

译文：He visited the museum time after time.

例 24：这本书的内容如此丰富，需要一点一点地消化。

译文：The content of this book is so rich that it has to be digested bit by bit.

例 25：溪水渐渐在岩石上穿了一个洞。

译文：The stream little by little bores a hole in the rock.

例 26：一堆灰尘渐渐积起来。

译文：A heap of dust is gathered little by little.

例 27：钢产量日日提高。

译文：Steel productions are increasing day by day.

例 28：他详详细细地描写了他的冒险经历。

译文：He described his adventure point for point.

例 29：他们一点一点地讨论这个问题。

译文：They treated this topic point by point.

第三，固定结构“名词 + in + and + 名词 + out”中名词的重复。

例 30：这些科研人员年年在实验室里工作。

译文：The scientific researchers work in their laboratory year in and year out.

例 31：邮递员天天忙于送信。

译文：The postman is busy delivering letters day in and day out.

②头韵和尾韵法。当英语中没有与汉语相对应的叠词表达方式时，翻译过程中应尽量保留原文中叠词的音韵效果，保证与原文的贴合。

例 32：他嗯嗯呃呃（吞吞吐吐），什么也没说出来。

译文：He hemmed and hawed, and said nothing.

例 33：这位老人为了维持生计而劳劳碌碌（辛辛苦苦）一辈子。

译文：The old man toiled and moiled for bread all his life.

例 34：他们俩亲亲密密。

译文：They two are near and dear.

例 35：她总是把厨房弄得干干净净、整整齐齐。

译文：She always keeps her kitchen spick-and-span.

例 36：稳扎稳打，无往不胜。

译文：Slow and steady wins the race.

例 37：他们平平安安抵达香港。

译文：They arrived in Hong Kong safe and sound.

例 38：雨吧嗒吧嗒掉在盘子上。

译文：The rain spattered and splattered on the plate.

例 39：作为商人，一定要公公正正。

译文：As a businessman, one should be fair and square.

（3）同义法与反义法。

①同义法。对汉语中的叠词进行翻译时，当英语中没有与之对应的叠词，可以选择英语中的同义词进行翻译，让译文与原文保持对仗上的一致性，增

加译文的生动性与形象性，并突出情感表达，呈现优美的音韵效果。

例 40：苹果都是好的，用不着挑挑拣拣。

译文：All the apples are good. There’s no need to pick and choose.

例 41：我们定要公公平平地处理这个问题。

译文：We must deal with the problem fair and square.

例 42：房间收拾得整整齐齐。

译文：The room is kept neat and tidy.

例 43：小姑娘蹦蹦跳跳地朝街那头跑过去。

译文：The little girl skipped and hopped down the street.

例 44：他说话做事总是慢吞吞的。

译文：He always speaks slowly and acts unhurriedly.

②反义法。当翻译汉语叠词缺少对应英文时选择一对反义词进行翻译，让译文音韵效果、修辞效果等与原文相贴合。

例 45：他们把录音带反反复复重播，但找不到任何线索。

译文：They played the tape backwards and forwards, but could not discover any clues.

例 46：他们日日夜夜警惕地守卫着边疆。

译文：They vigilantly guard the borders day and night.

例 47：雨断断续续地下了一整天。

译文：It was raining off and on all day.

例 48：街上来来往往的人很多。

译文：There are many people coming and going on the streets.

例 49：她坐在一张安乐椅上前前后后摇动着。

译文：She rocked herself back and forth in a rocking chair.

例 50：他来来回回地跑了好多趟。

译文：He ran back and forth many times.

例 51：公路上载重汽车来来往往地穿梭。

译文：Trucks shuttled to and fro on the highways.

例 52：我希望我的解释多多少少会有些帮助。

译文：I hope my explanation will prove more or less helpful.

例 53：任何对她踪迹的调查都毫无结果：乡间远远近近都找遍了，关于她的消息还是一无所获。

译文：Every research after her course had been vain: the country had been scoured far and near; no vestige of information could be gathered respecting her.

（4）固定结构和自由译法。

①固定结构。英语中一些固定词组或句型可用于对汉语叠词的直接翻译。

第一，如“have + a + noun”句型：

谈谈：have a talk

看看：have a look

试试：have a try

聊聊：have a chat

走走：have a walk

歇歇：have a rest

洗一洗：have a wash

躺一躺：have a lie

洗洗澡：have a bath

讨论讨论：have a discussion

争论争论：have a dispute

庆祝庆祝：have a celebration

第二，“verb + over (/up)”。具体如下：

例 54：请把这些数数。

译文：Please count them over.

例 55：你考虑考虑我说的话。

译文：You think over what I said.

例 56：帮我看看这个是否可以。

译文：Look this over for me and see if it’s all right.

例 57：他把文件读了读。

译文：He read the document over.

例 58：他决定把这件事与他父母商量商量。

译文：He decided to talk it over with his parents.

例 59：让我把这事仔细掂量掂量。

译文：Let me weigh the matter over carefully.

第三，如句型“nice + and + adjective”，此结构可将汉语叠词的语气表达效果、情感效果等呈现出来，通常用于表达喜悦。

例 60：这东西摸上去软软的。

译文：It feels nice and soft。

例 61：我们飞得低低的。

译文：We flew nice and low.

例 62：炉火旁边暖暖的。

译文：It's nice and warm by the fire.

例 63：这个菜甜丝丝的。

译文：The dish is nice and sweet.

例 64：机器转得呼呼的。

译文：The machine is running nice and fast.

例 65：外边凉丝丝的。

译文：It is nice and cool outside.

例 66：每天坚持锻炼身体，使你的身体棒棒的。

译文：Take exercise every day in order to keep yourself nice and healthy.

例 67：坐这个位子舒舒服服的。

译文：The seat is nice and comfortable to sit on.

例 68：她把头发剪得短短的，挺精神的。

译文：She has her hair cut nice and short and looks especially impressive.

例 69：短短的一篇文章，分量很重。

译文：The article is nice and short but carries much weight.

②自由译法。当英语缺少与汉语所对应的叠词时，可采取自由译法。从原文叠词的内涵出发，把握好其原本的表层框架，然后依照英语的语言表达习惯，在不受制于原文的前提下进行翻译。自由译法虽然不能完全呈现原文

的表层含义，但依旧能够流畅、通顺且生动地忠实于原文的深层含义。

例 70：他虽然是令出必行、苛求准时，但并不希望自己的谋士们唯唯诺诺。

译文：Though an exacting taskmaster who made a fetish of punctuality, he did not expect his advisers to be yes-men.

例 71：不要因为时间紧迫就马马虎虎。

译文：Don’t scamp your work because you are pressed for time.

例 72：他心里乱糟糟的，用手抓挠着那乱蓬蓬的头发，眉头上拧起大疙瘩，在屋里走来走去。

译文：Perturbed, he paced up and down the small room, running his hands through his unkempt hair, his forehead furrowed.

例 73：对于科学的最新成就我只是星星点点知道一些。

译文：I have only fragmentary knowledge of the latest scientific achievements.

例 74：他脸晒得红彤彤的。

译文：His face is aglow from exposure to the sun.

例 75：天空中电光闪闪。

译文：Lightning flashed in the sky.

例 76：空气中充满着浓浓的花香。

译文：The air was heavy with the perfume of the flowers.

例 77：任务还没有完成，我心里老是沉甸甸的。

译文：The thought of the unfinished task weighed heavily on my mind.

例 78：你穿上那衣服傻乎乎的。

译文：You look foolish in that dress.

由上述可见，对于汉语叠词的翻译，译文与原文在表层、深层含义方面均需对等。当原文与译文在表达形式方面出现差别时，可以采用变通法对原文形式进行适当调整，在使其满足译文的表达习惯的同时又不改变原文的深层含义和表达目的，让译文忠实于原文，且更通顺、更易读。叠词在汉语中常被用于修饰，因而其使用较为频繁，为保证翻译效果，在汉译英的翻译过程中需对叠词翻译规律进行总结，归纳高效可靠的翻译方法。

6. 同义重复与冗余

（1）同义重复翻译。

①英汉同义重复的特点。

第一，有力强调，突出重点。在翻译过程中，突出重点是使用同义重复的最重要的作用之一，是对译者要体现的意思的再次强调和突出，以加深读者的印象，将情感完全抒发出来。同义重复和啰唆是不同的，同义重复是积极的修辞手法之一，通过细致的描述和重点突出将浓烈的情感表达出来，不仅能够让读者加深对重复要素的印象，还能为所要表述的语言内容赋予新的色彩。运用同义重复的方式进行翻译，当英语和汉语在翻译中产生重叠时，可以使用直译的方式进行翻译。

例 79：John began to plan and plot, toying with this or that plan, but there always seemed to be an obstacle.

译文：约翰开始计划和密谋，琢磨琢磨这个计划，又琢磨琢磨那个计划，但似乎总是有一个障碍。

第二，音韵和谐，结构整齐。有时候，在翻译过程中使用重复手法的目的在于保持对仗和整齐的结构、和谐和悦耳的语音。让原文包含的整齐结构和形式、优美的韵律和音韵在译文中呈现出来，是译者翻译时必须满足的要求之一，在重复手法的作用下，原文的风采将通过对仗形式体现出来。

第三，生动形象，千变万化。一般来说，原文为了防止产生单调乏味和一成不变的语言，在对同样的语音内容进行表达时会使用不一样的语言形式。同义重复技巧的使用使文章充满变化、更加生动形象，从而让文章的表现力和可读性不断增强，有利于将读者的兴趣和注意力激发出来。译者对这样的原文内容进行翻译时，为了将原文的生动形象的效果体现出来，也要使用同义重复方法，增强译文的变化性。

第四，传神贴近，语气自然。通过同义重复能够更加灵活、形象地将原文中的语气表达出来。翻译时译者可以通过重复手段呈现原文语气中活灵活现、栩栩如生的感觉。

②英汉同义重复的翻译技巧。在运用重复翻译技巧方面，英语语言和汉语语言有许多共同之处和不同之处。在翻译的表达过程中，译语是译者首要

关注的重点，译者要对原文进行深入理解，将译语语言潜在的力量挖掘出来，把译语的优势充分发挥出来。

第一，用直译的方法处理英汉同义重复修辞。译者对同义重复修辞进行翻译时使用最多的方法是直译。通过直译，能最大限度地将原文的各种修辞作用和语义内容迅速高效、原封不动地体现出来，实现形式与内容的真正一致。

第二，用合译的方法处理英汉同义重复修辞。在英语语言中，为了使表达更加明确和生动以及更加突出，人们习惯将成对词进行同义重复处理。但是译者将其译成汉语时，受到语言表达习惯的限制，习惯使用合译的方式进行翻译。所谓合译，是指不对原文的重复形式进行复制翻译，只对原文的语义进行翻译，缩合原文中两三个同义反复的词而进行统一翻译。如此一来，在译文中便能防止产生生硬、艰涩、啰唆、重复的语言，使译文流畅简单。

第三，用分译的方法处理英汉同义重复修辞。分译是用至少两个同义词或近义词来翻译原文中一个词语表述的相关语义。原文一般遵循语言表达习惯，在表达手法上更加简单、压缩，防止产生重复啰唆的现象。然而，译文通过同义重复的方式进行翻译有利于将译语的潜力挖掘出来，多样化的用词会使表达效果更加丰富。

例 80：As the family hovered at his bedside, he drifted in and out of consciousness.

译文：当他的家人在他的床边徘徊时，他的意识时断时续。

例 81：We are at an extremely important period linking the past with the future.

译文：我们正处在一个承前启后的极其重要的时期。

例 82：You are the victim of your own foolishness.

译文：你因自己的愚蠢而自食其果、自作自受。

因而，当能够准确理解词义时，译者可以灵活运用同义词和近义词来优化译文的表达效果，增加其灵动性、自然性和形象性。

（2）冗余翻译。在人际交往时，如果信息发出者使用冗赘啰唆的语言进行表达，则会有过大的冗余信息量，信息传输的可接受性和语义的清晰度会进一步降低，致使接收者对所传递的信息不仅感受不到兴趣，而且不清不楚，影响交际的成功性。同样的，如果信息发出者的表达比较抽象，缺少详细信息，那么抽象言语中的每一个单位语言所蕴含的信息量就比较繁杂，影响信息通道的通畅性，导致信息接收者对传输的信息内容无法理解，最终使交际走向失败。从这里可以看出，冗余信息过多或过少都不利于交际和交往。

在处理和表达冗余信息方面，英语和汉语两种语言也存在许多相似和不同之处。英语和汉语两种语言体现出了不同的文化，其包含的历史背景、民俗风情、社会意识、文化传统、价值观念等都有很大的区别。英语与汉语是完全不同的两类语言，其内在的语言潜能和规则也有所不同，这两种语言在实践应用和功能实现的过程中会被激发出各自内在的语言潜能。就传输冗余信息的层面来说，使用不同语言的人置身于特定的交际情境中，出于对不同交际目标的考虑，将自己对语言的运用能力充分发挥出来，将语言中存在的潜能充分激发出来，从而实现交际效果的最优化。

①冗余表达的效果和作用。

第一，起到突出强调作用。首先，对冗余信息进行有效、积极传输的重要手法之一是运用重复手段，有利于增强强调功能的有效性、明确性、有力性和直接性。其次在大多数情况下，译者习惯利用同义词或近义词的方式传输冗余信息，如此一来，通过有效积极的冗余表达方式能增强所表达的语义，将译文中强烈的情感表现出来。

第二，起到平衡匀称和多样丰富的作用。首先，从平衡匀称性来说，在翻译时利用近义词或同义词对同一种语义进行冗余的表达，可以使语言结构具备均衡化和匀称性的特征，重点突出句子的含义。其次，从丰富多样性来说，人们喜欢使用各式各样的词语来表达同一种语言，其目的是降低内容的单调性和呆板性，让句子更流畅自然，增强语言的变化性和生动性。在冗余信息传达方面，使用不同的词语，其修饰效果更明显。

②冗余翻译的实际应用。

第一，直译冗余修辞。原文中作者如果多次以衔接、强调和生动为目的而使用多种修辞方式时，其语言效果就会比较多且复杂。翻译过程中译者应把握好译文语言的表达习惯，尽最大可能保留原文中所使用的冗余表达方式，以原文中的语言形式实现形和义的对等，且不影响原文的语义内容。

第二，意译冗余修辞。因为英语语言和汉语语言所属的语言体系不同，在具体的翻译过程中，这两种语言的不同之处远远多于相同之处，可能汉语会用轻描淡写的语言表达英语中浓墨重彩的内容；汉语读者习惯用平常心阅读文章中的渲染内容，但是英语读者容易受到文章中刻意烘托内容的影响，情绪随之而动。译者要对英语、汉语中不同冗余程度发生的不同情况进行全面了解，灵活调整冗余程度和运用冗余原则，意译时从动态对等的角度出发，对可读性、语言体系、文本、语用效果、文化、上下文等多种因素进行整体考虑。

第三，合译或缩译冗余修辞。在翻译中，将冗余程度高的内容转化成冗余程度低的内容的过程称为合译，就是用精练简单的译文语言表达丰富细腻的原文语言。在英语语言中，人们对强调衔接的修辞效果进行表达时习惯使用两个成对组合的近义词或同义词。如将英语原文直译成汉语，译文比较累赘、拖沓、重复，译者便要压缩处理原文的词语，降低冗余程度。译者也可以对合二为一的简化译法进行灵活运用，对原文深层的语义进行翻译，摒弃其中累赘的形式。

第四，分译或扩译冗余修辞。冗余程度低的内容转化成冗余程度高的内容称为分译，即用细腻详细的译文语言表达简单精练的原文语言。分译的目的是增强译文的通畅性、连贯性、自然性和丰富性，将原文的语气和内容原封不动地呈现出来，避免译语读者产生误解。

第五，活译冗余修辞。前文中提及的合译或缩译、分译或扩译均是以原文语言表达结构为基础的，按照原文中的词句顺序对内容进行增加或缩减，改写或调整部分句型或句子的意思。活译是一种通达型翻译方式，可以理解为上述翻译方法的综合运用，具体指译者将译语的语言文字潜力充分发挥出来，在译文中不着痕迹地翻译或再现原文词语的行文安排或字面意思，更加完整地呈现出原文中所蕴含的表达情感与内容上所体现的神韵。可见，活译需透彻理解原文语义，进而浓缩原文的冗余内容，再以译语的行文要求作为依据，对译文进行深加工和处理。

二、翻译理论的发展

（一）古代的翻译理论

春秋战国时期是我国开展翻译的初始时期，但是鉴于这一时期的翻译活动只是各个诸侯国之间的互相交流，所以不算是语际翻译。回溯中国的翻译史可以发现，佛经的翻译算得上是真正意义上的语际翻译。翻译佛经的时间较长，是随历史进程发展而逐渐进行的，因而在这一过程中出现了许多优秀的译者，其在翻译众多佛教经卷的过程中不仅深入理解了佛经的内容、内涵，还在很大程度上助推了佛教在国内的广泛传播与发展，促使中国文化、语言得到丰富和完善。在翻译的过程中，许多翻译者总结了很多心得体会，甚至有些已经有了一些理论的雏形，如三国的支谦、东晋的释道安和鸠摩罗什、隋朝高僧彦琮、唐朝著名高僧玄奘、北宋僧人赞宁等。除了这些翻译人员外，明末清初还出现了一些像徐光启、魏象乾这样的翻译学者，他们提出了一些较为著名的翻译观点。下面主要探讨支谦和鸠摩罗什的翻译理论。

1.支谦的翻译理论

支谦是三国时期翻译佛经的著名学者，其在《法句经序》中表达了对翻译的看法，具体观点如下：

（1）支谦对前人的翻译观点进行了总结，从“唯昔蓝调”到“深得其体”，应如“蓝调、安侯世高、都尉”那样熟悉原文，即使达不到他们那种翻译水平，也应“尚贵其实，粗得大趣”。

（2）翻译时如果不能完全实现文雅性的表达，至少应遵循“因循本旨，不加文饰”的原则。

（3）翻译时可以采取“译所不解，则阙不传”的策略。

（4）关于译文结构层次的评价为“然此虽辞朴而旨深，文约而义博，事均众经，章有本故，句有义说”。

此外，支谦也谈及了译音与译义的问题，“或得梵语，或以义出音”，以及翻译名物概念的问题，“名物不同，传实不易”，这是对本质和现象、内容和形式如何统一所进行的思考。在翻译理论的探讨中他把“本旨”和“文饰”

作为两个相对的概念，深层分析了翻译理论，认识更加深刻。

2. 鸠摩罗什的翻译理论

东晋后期，鸠摩罗什强调意译。他翻译的著作符合原作思想，表现出了原作的神韵。但是鸠摩罗什并没有提出明确的翻译理论，他的观点大多分散在一些论述中。另外，对于译名他也有着不同的见解，认为当汉语中没有与梵语相对应的词语时可以使用音译法进行翻译。如人名、专有名词是较难翻译的，对此采用音译法。恰当合理地音译能够进一步丰富汉语词汇，增加文章文辞的美感，呈现异国文化。但是在音译过程中会存在不同音译情况、音译过多情况等，这容易导致译文出现难以理解、过于牵强的问题。

（二）近代的翻译理论

近代翻译实践中主要是西学翻译，翻译学家们侧重于翻译理论研究以及表达自己对翻译的看法，因而在这个阶段，我国的翻译理论开始逐渐成体系。

1. 徐寿、傅兰雅的翻译理论

我国近代化学的启蒙者、著名的科技翻译家徐寿和英国传教士傅兰雅共同翻译或各自翻译了大量西方科学著作，代表作有《化学求数》《化学鉴原》《化学考质》等。傅兰雅强调翻译应该遵循忠于原文要旨和便于领会的标准。当时，翻译大家对科学技术的术语译文进行了统一，这是对中国翻译理论史的最大贡献；从译名的统一到对科学术语词典的编写，都是翻译发展的宝贵经验与财富。“译名七原则”就是徐寿与傅兰雅在翻译实践中提出的，具体如下：

（1）尽量选择直译，而不要选择意译。

（2）如果不能意译，那就尽量使用恰当的汉字进行音译，但是音译的体系要建立，还要固定基本的词素，可以使用官话进行音译。

（3）新的术语要尽量和汉语固有形式的构建一致。

（4）要用简练的译名。

（5）要准确定义译名。

（6）不论在何种场合，译名都要符合原意，以免产生矛盾。

（7）要使用有灵活性的译名。

“译名七原则”在翻译科技名词、引入外来科学技术方面有很大的贡献：一方面，不仅对我国翻译理论的形成有促进作用，而且还推翻了汉语翻译科技著作困难的观点；另一方面，强调译名要保持一致性，明确了译名的具体规则，并且在此基础上实现了多个学科的翻译，如数学、地理、医学等。

2. 马建忠的翻译理论

《拟设翻译书院议》是马建忠在1894年所著的文章，其中阐述了一些有关翻译的观点，提到翻译书院的创设、翻译活动的开展、翻译人才培育的紧迫性。同时也提出一种翻译观念，即“善译”，认为翻译不是一件易事，需要以兴趣为支撑，也需要给予耐心。日常训练时，译者要有意识地对比原文语言和翻译语言的不同，从语言发展的各自渊源中理解有何相同、有何不同，并明确原因；要认真探究语言的意义，理解语调高低差异和内涵差异的影响因素，并能清楚划分文本中的繁与简，弄明白文句、文体应如何适当地翻译。当拿到一本书之后，应对其进行反复多次的阅读，充分了解其所蕴含的精神实质，明晰作者所呈现的表达风格，体会书中的语气。只有这样，才能更好地对原文进行消化与吸收，翻译时也能够更加灵活、准确，保证原文与译文之间达成思想上的统一。读者通过观看译文可以获得与看原文时相同的心得，只有这样的翻译才称得上是好的翻译。

马建忠注重源语言和文本，而且很推崇直译，强调对文本的分析要细致。和现代的翻译等值理论一样，他的“善译”观点奠定了中国近代翻译学理论发展的重要基础。

3. 林纾的翻译理论

近代中国翻译发展历程中，林纾是公认的中国近代文学翻译的开山始祖，也是中国翻译历史上的翻译大家。他同友人一起翻译了多个国家几十位作家的文学作品。林纾的翻译观点主要有以下几方面：

（1）翻译不易。对于翻译，我们要持有审慎、严谨的态度，只有把握好原作中作者多次提及的人物、典故、文化、习俗等相关知识，才能保证译文的含义、情感等与原文保持一致。翻译过程中译者需清楚了解源语和目的语的共同性和差异性，在将源语所包含的文化完整呈现的同时也要确保其与目的语的语言表达方式相符，从而获得较好的翻译效果。

（2）译名要一致。林纾在《中华大字典》（1915 年版）序言部分谈及了译名的统一问题。一个汉字只包含一个含义，只有把它们都连接起来才能成为一篇文章。所以，常常需要耗费许多汉字对英语进行翻译，再加之没有一定的名词，所以译作会和英语版的原作有所出入。林纾对此的理解是可以选择文雅的新名词，结合“界说”进行翻译，方便翻译的顺利推进。

4. 鲁迅的翻译理论

鲁迅作为中国著名的思想家、文学家、革命者及评论家，其翻译观点主要体现在以下方面：

（1）以直译为主、意译为辅。鲁迅针对晚清以来随意删减、颠倒、附会的翻译风气，明确提出了直译的方法策略。他在《域外小说集》中直观地表达了对直译的观点和态度，他认为任意删除就是不诚实。需要注意的是，鲁迅说的直译并不是死译，也不是简单地逐字进行翻译，而是对原文的思想内容进行保存，还要尽可能保存原作的语言方式和风格等。

（2）以“信”为主、“顺”为辅。鲁迅认为翻译时需重点把握“信”和“顺”两个关键点。他认为，翻译工作最重要的就是“信”，要想使翻译的文章流畅通顺，译者就要以“信”作为前提。在《二心集 · 再来一条“顺”的翻译》中，鲁迅批判了“顺而不信”的翻译观点，认为翻译应“宁信而不顺”。鲁迅“信而不顺”翻译观点的提出源于与其他观点的对比，是相对的而非绝对的。实际上，鲁迅从未将“信”与“顺”对立起来，也不认为选择“信”就意味着要放弃“顺”，而是要“以‘信’为主，‘顺’为辅”。

（3）有必要进行复译。鲁迅认为只有对已有翻译版本的原作品再次进行翻译，才能得到更好的译本。他在《非有复译不可》中提到：任何像诬赖，唠叨这种都无用，最好的方法就是重新翻译，一次不行，就再来一次。这一观点对我国翻译事业整体发展有着深远意义。

（三）现代翻译理论

1. 胡适的翻译理论

胡适不仅是我国现代著名文学家、诗人、哲学家，而且也进行过许多翻译活动，自 1919 年起先后翻译了多部外国作品，如契诃夫的短篇小说《一件美术品》、拜伦的长诗《哀希腊》，还与罗家伦一起翻译了《玩偶之家》这一著名戏剧作品。他是我国白话新诗翻译的先行者，指出文言文诗词的翻译是存在局限性的，这无关翻译的好与坏，而在于其文化受众，因而很难做到长远发展和普及发展。而诗歌是时代的产物，更易于被人们理解、接受，这重点强调翻译的流畅性、通俗性。

胡适的诗歌翻译不论是在语言风格方面，还是在格律方面，乃至在思想意境上，都推动了中国白话文的发展。胡适提出要用非常严格和认真的态度，即“三负责”来对待翻译。对于文章的写作，他认为既要对自己也要对读者负责任，而对于文章的翻译，要有三方面的责任：一是针对原作，要求译者不能失去原作的思想；二是针对读者，要保证读者能够读懂；三是针对自己，要求对翻译的内容不能自欺欺人。在《建设的文学革命论》中，他主张只翻译西洋文学中的名家著作，而不翻译二流以下的著作；他还主张翻译的时候全都使用白话。这些有关翻译的思想在当时对翻译事业发展产生较大影响，并且为白话文翻译事业的发展也提供了助力。

2. 郭沫若的翻译理论

郭沫若关于翻译的观点包括以下几点：

（1）风韵译理论。郭沫若认为，诗的生命在于突如其来的灵感、不可把握的风韵，所以翻译诗集除了运用直译、意译外，也得有这种“风韵译”。这种翻译理论不主张不加思索或逐字逐句地进行翻译，认为应该“以诗译诗”。另外，也指出不同语言之间的转换不仅是语言文字相互转换的过程，也是文化相互融合的过程，是翻译者再次创造了一种新的原文审美风格。

（2）生活体验论。郭沫若认为，翻译人员不仅要具备主体性素质，还需具有责任感和客观动机，这就要求翻译人员要慎重选择翻译作品，翻译态度要严肃。除此之外，郭沫若还主张，在翻译过程中，个人主观情感也要适当融入其中。翻译工作者只有在翻译之前就深入了解原文的作者和作品，才能对原文及其传达的思想形成更好的理解。郭沫若的翻译方法是翻译时把自己当成原文作者，然后把自己代入作品中，这样才能深刻地理解原文的思想情感。他这种“合二为一”的思想促进了翻译理论的发展。

（3）好的翻译就相当于创作。郭沫若提出了好的翻译相当于创作甚至超越原作的观点。他认为创作是体验生活后所产生的直接感受，翻译是对他人的生活体验感受进行感受，因而在一些翻译中其比创作更有难度。而且翻译需要同时熟悉两种不同的语言，掌握相关知识，这也要难于创作。可见，翻译并非一件易事，当翻译得足够好时，其能够超越创作本身，而此过程需要投入更多的创造力。郭沫若在翻译实践中侧重于把握原作者所使用的表达技巧、所传递的精神思想，在此基础上，结合自己的艺术感知再进行创作。以创造性为支撑的翻译效果会展现出更高的品质和水平。

3. 茅盾的翻译理论

茅盾提倡的文学翻译批评理论是“形貌”和“神韵”的辩证统一，他的这种观点对中国的文学翻译批评有很大的影响。清朝末年，严复提出了“信、达、雅”的翻译标准，对翻译批评带来很大影响。但是在实践中，因翻译者很少与翻译批评者互动交流，导致翻译批评很难真正对翻译活动起到推动作用。茅盾翻译外国文学作品时，始终不忘吸取我国古代文论中的精华。茅盾提出的翻译批评理论，即“形貌”与“神韵”是辩证统一的，这切合我国传统文化思想中对文学翻译批评的主张，在当时还为“直译”与“意译”争议的问题提供了解决思路。对于这“直译”与“意译”之间的争论，茅盾认为不能一概而论，鉴于英汉文学的不同，不可能对所有文本都使用直译法。译者常常注重了语言的形式就会忽略文章的神韵，而若重视了神韵又会忽略语言形式，不能做到“形貌”与“神韵”同时存在。虽然如此，但“形貌”和“神韵”又相辅相成。在茅盾看来，语言的“形貌”和语句的“神韵”由单个的汉字和句子的语调构成。

茅盾运用中国传统文论中“形貌”“神韵”“单字”“句调”这四个词的概念，使清朝末年以来对文学作品的翻译批评突破了限制。而“形貌”和“神韵”的辩证统一理论，也成了解决当时“直译”和“意译”争论的最好办法。他的翻译批评观点使中国的翻译批评理论挣脱了传统观点的束缚，重获生机，推动了中国文学翻译批评理论从传统走向现代。

第二节　英汉翻译中的美学意识

美学的概念很广泛，是一门关于人对美的感受的科目。翻译是人类文明进步的必要组成。随着社会的发展、“地球村”的形成，需要我们去适应外面的世界，感受文化间差异的影响，体会语言间差异的变化，并进行融合和理解。翻译就是把一种语言用最佳方式转化为其他语言，在这一过程中必须考虑到美，不仅是语言之美，还有语言表达出来的内容的美。汉语是世界上最难的语言，也蕴含了中国文化的美。在英汉翻译的过程中，需要把英语的美和汉语的美展现出来。作为一个翻译者，应该具备这种转换能力。翻译就是互相理解、互相表达的过程，翻译者准确无误地翻译内容是传达信息的一部分，也是让我们正确认识外界美的重要途径，能否正确传达信息是翻译质量好坏的评价标准。

传统的语言文学研究把文体区分为文学文体和非文学文体。对于文学文体进行翻译的侧重点在于美学价值，主要强调语言的优美和风格的贴合。与之相反的是非文学文体，侧重点在于正确信息的传递，在美学价值方面并没有严格要求。目前来看，美学意识和英汉翻译的结合势不可挡，例如商务英语属于非文学文体的一大支流，但在翻译过程中需要最大限度地发挥美学功能，以增加文章的可读性，为商务往来增加感情，促进文化交流。一般而言，翻译美学的基本原理就是把美学和现代语言学二者结合，研究语句转换中遇到的美学问题，这可以帮助翻译者掌握翻译知识的规律，提高语言转换的实际操作能力，增加对翻译语言的审美鉴别能力。通过学习翻译美学，可以有效地采用各种办法提高译文的审美价值，努力向原文靠拢，让读者在看到译文的时候，得到和观看原文一样的感受。英语翻译作为一种问题翻译，要求译者必须理解原文内容，在此基础上结合时代审美，突出审美价值，充分表达出原文情感，这主要依靠单词、语句、语法和章节等关键点。

翻译综合能力与翻译美学素养的提高需要从以下方面着手。

一、夯实双语知识功底

“翻译是两种语言之间的转换，因此要培养翻译者的美学意识。”① 翻译者需要充分掌握两种语言的知识，打好基本功。翻译者不仅需要有扎实的翻译理论知识，还要有丰富的美学感受。翻译过程中的困难有很多，其中大部分都是关于两种语言的。一名优秀的翻译者需拥有丰富的知识积累，以及较高水平的文化修养，还要具备自主学习意识和自我提升意识，积极进行实践锻炼，并克服翻译过程中的各种困难。英语翻译需要熟练掌握英语知识，增加自己的阅读量，在阅读英语原文的时候，需要进行疑难排除。书读百遍，其义自见，英语书读多了也会产生语感。正确的英语语感加上扎实的汉语言功底，再加上美学意识，能够提升翻译的价值，使译文获得大众的认可。如果在阅读英语原文的时候遇到的困难，那么在翻译成汉语的时候更需要格外注意，最好加上注释，方便读者理解。在提升译文美学价值的同时，还要保证译文通俗易懂，方便大众阅读。翻译者在翻译时不能只关注文章内容，还要关注读者的内心感受，从读者的角度思考，能够增加文章的实用性和可读性，同时也可以让大众感受到翻译的魅力和美学价值。

二、赏析英汉经典译作

翻译可以让不同国家的人进行交流，是一门不可缺少的艺术。从翻译出现伊始，就陆续有很多翻译作品出现。阅读优秀翻译者的翻译作品，可以快速有效地提高翻译能力和翻译美学素养。在名家作品赏析的过程中，我们可以慢慢走进这个作品的创作环境中，了解翻译者的思路，分析翻译者的词句和语言表达，从而增加自身的感悟，提高对外界事物美的感知，得到不一样的体验。翻译作品的成功，是基于前人努力的结果。在翻译过程中需要阅读大量前人的作品，并进行深刻分析，反复对比不同作品的相同之处，从相似中找寻翻译方法，在不断对比中增加自身的感悟，品味不一样的美学价值。

---

① 朱敏，何莉．英语翻译中的美学意识培养再谈 [J]. 吉林广播电视大学学报，2019（11）：147.

虽然在经典译作对比赏析中也会遇到很多困难，但在不断对比的过程中，我们可以找寻到相应的解决方法，从而获得新的翻译思路。

三、了解异国翻译文化

对于异国翻译文化的学习，其实现的途径不外乎两大类：直接的体验与间接的学习。直接的体验主要是利用出国学习、工作或生活等机会接触与观察异国语言在特定场景中的表述方式，如标识语、宣传语以及特定文体中的惯用表达等。例如：

请勿践踏草坪。

译文 1：Please don’t step on the grass.

译文 2：Keep off the lawn.

其中，译文 1 常出现在我国一些公共场所的草坪附近，而当我们到了英语国家，会发现在相同场景下其英文表述通常是译文 2。这种学习机会对大多数人来说比较少，但有比较接近直接体验式学习的方式，如观看一些字幕翻译质量较高的影视作品，浏览一些英文论坛、微博等。下面再举一个例子：

尘埃落定。

译文：The dust has settled down.

对于上面这个译文，在没有任何其他文献参照的情况下，我们大概会产生疑虑，不能确定英文读者理解到的语义是否是汉语“尘埃落定”的实际语义。然而，在一位美国原驻华大使的某次访谈节目中作出“...just as the Chinese goes, the dust has settled down. ”的表述。如此，我们对以上这个译文的疑虑就可以打消了。

间接学习的途径相对较多一些，除前面提到的研读经典译作外，还包括学习最新翻译理论、参加翻译学术研讨会、与国内外翻译界学者交流合作，等等。

总之，译文符合源语言的行文规范和使用习惯本身就是翻译的美学价值体现，这种翻译美学意识的不断提高反过来亦有助于译文整体质量的提高，二者是相辅相成的。

第三节 英汉翻译中文化因素的维度思考

语言是人类社会发展的产物，它是人类日常生活中思想表达的有效工具，因而每种语言都具有丰富的历史性和文化性。语言是文化的一部分，是文化得以传播的载体。“文化”的概念是多元的，广义上，人类所创造的精神财富和物质财富都可以称为文化；狭义上，只有特定人群的行为模式才能称为文化，这种行为模式可以是显性的也可以是隐性的，包括了思考方式、价值理念和生活方式等部分。从翻译角度出发，对于思考方式、价值理念和生活方式等差异的理解是较为困难的。文化上的差异对于英汉翻译的影响涉及很多方面，具有研究意义。

第一，历史背景知识对英汉翻译的影响。历史背景知识是文化知识的组成部分，全面掌握此方面的知识能够为翻译提供支撑，提高翻译水平。而如果对一些历史人物、事件等缺乏认识与了解，就会导致错译、误译等问题。

第二，不同价值观念对英汉翻译的影响。英语与汉语的差异性体现在语言形式方面，如英文中 cousin 指代的对象可以是男也可以是女，且与年龄长幼无直接关系，对应汉语中的“堂兄弟、堂姐妹”，“表兄弟、表姐妹”。当没有语境为支撑时，一些英文词汇就很难找到精确的汉语对应词，如 aunt 可以是“婶婶”“伯母”，可以是“姑母”，还可以是“姨母”等。uncle、niece 和 nephew 也是如此，有着多种对应含义。因而，在对这些称呼词语进行翻译时必须结合文本所处的语境，对表达的对象进行认真区分，从而确保翻译的准确性和有效性，避免产生歧义。

第三，不同的思维方式对英汉翻译的影响。人类通过认知所形成的稳定的、具有普遍性的思维结构模式就是思维方式。思维方式的不同主要是由于文化差异导致的。中西方的文化差异较大，因此在思维方式上也体现出较大差异。思维方式不同，自然语言表达也不相同。

例如关于方位，中国人常说“上北下南、左西右东”，这是地图读图的通用标准，在英语语境也是如此。但在单纯的方向表达上，中国人常说“东南西北”，在英语语境则普遍说“North, South, East, West”，顺序有所差异，这是人们思维方式不同所导致的。另外，英语中 downtown 一词是基于 down to the town 的，中国人对此的表达是“上城里”。又如 downriver 意为“河流下游”，down the wind 意为“顺风”，这种表达方式是比较宽泛的，而汉语表达中则无此用法。

文化可以通过语言进行传播，语言可以对文化内容进行展示。在翻译过程中，文化因素在很大程度上决定着翻译的难度和翻译的效果，语言因素本身只是翻译的基础。翻译者要对语言中的文化因素进行研究，探索文化的相似性和差异性，让翻译出的作品更具生命力、更加鲜活，从而有利于翻译理论的创新。

第二章　英汉翻译的技巧维度

在国际化发展的过程中，英语一直占据着重要地位。无论是从考试的角度还是日常工作的角度来看，掌握英汉互译的技巧都是很有必要的。基于此，本章主要围绕英汉的词汇翻译、句式翻译、成语翻译、语篇翻译展开论述。

第一节　英汉的词汇翻译

一、英汉词汇翻译的类别

句子和篇章都是由词语组成的，要做好翻译，需着重掌握词语的含义和用法。有学者在有关翻译理论的探讨中提到，英语与汉语所包含的词类有着相同性，如名词、形容词、副词、数词、动词、代词等。[①] 区别是，英语中还有冠词词类，汉语中还有量词、语气词等词类。

（一）名词翻译

英语与汉语中的名词十分相似，多用于表示人物、时间、地点与事件，但是在表达上二者是有差异的，如英语中的一些名词在汉语中通常用动词来表达。所以，从词类来讲，英语的名词具有更大的优势，也就是说英语倾向于多用名词。

① 金朋荪 . 大学英语翻译理论与实践 [M]. 武汉：华中科技大学出版社，2009：102.

1. 专有名词翻译

人名、地名、机构名等有着独一无二含义的名词被称为是专有名词。

（1）人名翻译。

①顺序不同。汉语中称呼人名是姓在前名在后，如："张小美"中姓是"张"，名是"小美"。英语中称呼人名则是名在前姓在后，如：Harry Potter 中姓是 Potter，名是 Harry。

②组成不同。汉语中的人名虽然都以"姓 + 名"结构为主，但有多种不同的形式。如姓和名分别又有单和双之分，如"姓"分为单姓与复姓，常见的"张""王""李"等为单姓，"孔明""尉迟""诸葛"等为复姓；"名"分为单名与双名，"张一"中"一"为单名，"李明华"中"明华"为双名。英语中的人名结构主要是"名 + 姓"，但通常在二者之间还有一个中间名，一般是教堂牧师或神父所命名的教名，而这个中间名在真正称呼或书写时经常被省略，或是只取其首字母，如：Harry James Potter 是著名小说 *Harry Potter* 系列中的主人公名字，在小说中省略了中间名 James。

③人名的翻译原则。

首先，名从主人。具体要求是对人名进行翻译时要按照其属国的人名称谓发音习惯进行直译，不能从其他文字转译。也就是说译英国人名时要以英语的音为准，译中国人名时要以汉语的音为准，译法国人名时要以法语的音为准。即译哪个国家的人名，就以哪国的音为准。如：John 约翰；李明 Li Ming。

其次，约定俗成。具体是指一些人名已形成了公认的译法，即便译名不够妥帖也不能随意进行更改，应按照既定的公认译法进行翻译。如翻译实践中，英国作家 George Bernard Shaw 应该译为"乔治·伯纳·萧"，但是过去一直译为"萧伯纳"，这个中国化了的译名一直被沿用，已成了公认的译法。对于一些文学作品中的人物名字也同样如此，如"福尔摩斯"就是英国作家柯南道尔所著小说中人物 Holmes 的习惯性翻译，并不是以其音译为准。在汉译英中也是如此，如孙中山很早就按威妥玛式拼音法翻译为 Sun Yat-sen，沿用至今。

（2）地名翻译。

①地名的翻译原则。地名的确定通常与其所在区域的历史、国情、习俗

等相关。随着时代发展，一些地名还会有所变化，翻译原则如下。

首先，名从主人。与人名翻译相似，对地名进行翻译时也要按照这一原则尽可能保留其原音。如根据“Paris”的英语读音，其本该翻译为“巴黎斯”，但按照法语的发音规则，s 不发音，因而翻译时只将其译为“巴黎”。

其次，约定俗成。地名是社会性的存在，应有相对的稳定性，一经约定就代代相传。已经被广泛接受的译名，不要轻易改变。如俄罗斯首都一直被译作“莫斯科”，这是按英文 Moscow 音译的，如按俄文应为“莫斯克娃”；再如 Greenwich 一直沿用“格林威治”的译名，而其按照标准来说“格林尼治”才是准确的。

②地名的翻译方法。

首先，音译法。这种方法应用较广泛，在翻译时遵循前面人名翻译部分讲到的准则，即要保证音准，不用联想词和生僻字。翻译时可省略不明显的音，但不能添加音。如英语地名 London 译作“伦敦”，Chicago 译作“芝加哥”。对汉语地名进行翻译时通常按照其汉语拼音直译，如“山西”译作 Shanxi，“上海”译作 Shanghai。

其次，意译法。即在理解原文的基础上结合目的语的语言构词方式进行翻译。有些时候地名是被赋予诸多意义的，对此则运用意译法进行翻译。如 Thursday Island 是因其被发现于星期四而命名的，于是将其译为“星期四岛”；Pearl Harbor 是因其地形地貌像海贝产珠而命名的，故将其译为“珍珠港”；Red Sea 是因海面上会季节性地出现红色海藻而被古希腊人称为 THALASSAERYTHRAE，即“红色海洋”，故将其译为“红海”。

最后，音意混译法。音意混译即一部分用音译、一部分用意译来翻译一个地名，如 Northampton 译作“北安普敦”，New Zealand 译作“新西兰”，New Mexico 译作“新墨西哥”等。当地名是由有词义和无词义的词构成时，通常采用此译法。

③其他应注意的问题。

首先，一些地名翻译时带有通名，包括“省”“市”“河”“湖”等，如 New York 译为“纽约市”，“纽约”为专有名词，“市”为通名；Ontario 译为“安大略省”，“省”为通名。但还有一些地名不包含通名，对其进行翻译时为了给读者提供方便，通常会增加一些通名词汇。

例 1：He slipped out of the State Department and crossed the Potomac to Arlington, Virginia, where the civil ceremony took place.

译文：他偷偷地溜出了国务院，渡过波托马克河，来到弗吉尼亚州举行民间仪式的阿林顿县。

译文中分别给 Potomac、Arlington、Virginia 加上了通名，而非简单音译过来，以免缺少文化背景知识的读者理解起来困难。

其次，因存在不同地点译名相同的情况，翻译时为明确具体地理位置要加上区域范畴词，如“圣路易斯”在美国、巴西、阿根廷都有相应的地点，为确保人们清楚所描述地点的具体地理位置，在翻译时需标注上国别、省、市等区域范畴词，以区分不同的地方。上述的“圣路易斯”可作如下处理：圣路易斯（美国），圣路易斯（巴西），圣路易斯（阿根廷）。

2. 普通名词翻译

（1）名词译作名词。

①英语中的名词多数都可以译作汉语中的名词。

例 2：We found the hall full.

译文：我们发现礼堂坐满了人。

例 3：The flowers smell sweet.

译文：花散发着香味。

②增加范畴词。抽象名词有时候说明人和事物的性质、情况、动态、过程、结果等，有时候又是具体的人或事物。如果对其直译会影响对具体含义的理解，因而翻译过程中要将“情况”“性”“过程”“作用”等限定范畴的词汇加到抽象的汉语名词之后，用来表示行为、现象、属性，使抽象概念更具体些。

例 4：Keep your eyes on this new development.

译文：请注意这个新的发展趋势。

在例 4 中，development 是抽象名词，被译为某种事物的“发展趋势”。

例 5：Under his wise leadership, they accomplished the “impossibility”.

译文：在他的英明领导下，他们完成了这件“不可能完成的工作”。

在例 5 中，将抽象名词 impossibility 译作“不可能完成的工作”。

（2）名词转译为动词。

①抽象名词表达动作时译为动词。

例 6：A careful study of the original text will give you a better translation.

译文：仔细研究原文，你会翻译得更好。

在例 6 中，将包含有动词意味的 study 译作了汉语的动词“研究”。

例 7：The sight and sound of our jet planes filled me with special longing.

译文：看到我们的喷气式飞机，听到它们的声音，我心里充满了特别的渴望。

在例 7 中，将含有动词意味的 sight 和 sound 分别译作了汉语的动词“看到”和“听见”。

②抽象名词由动词派生时译为动词。将英语翻译为汉语的过程中，一般把动词转化、派生的名词翻译为动词，并遵循汉语中动词的使用习惯。

例 8：Enough time has passed since Dolly’s arrival for a sober, thorough assessment of the prospects for human cloning.

译文：多莉的出生使人们对人类克隆的前景进行了冷静、彻底的评估。

在例 8 中，将名词 arrival 译成汉语动词“出生”，将名词 assessment 译成动词“评估”，读起来更顺畅，符合汉语用词习惯。

例 9：In spite of all the terrible warnings and pinches of Mr. Bumble, Oliver was looking at the repulsive face of his future master with an expression of horror and fear.

译文：尽管本伯尔先生严厉警告过奥利弗，又使劲掐他，他还是望着他未来的主人那张讨厌的脸，神情惊恐。

例句 9 中的英语名词 warnings 和 pinches 译作汉语的动词“警告”和“掐”。

3. 名词复数的翻译

名词复数在英语中使用广泛，在翻译成汉语时，若该复数概念是可以意会的，那么就可以省略复数翻译；而为让原文含义得到明确表达，一些情况下也需将名词复数翻译出来。将英语翻译为汉语的过程中，表达名词复数的方法通常包括以下几种。

（1）省译名词复数。

汉语名词的复数不是通过词形变化表示的，在汉译时可省去。英语中之所以有些名词常用复数表达，主要在于其组成部分是复数的，如 shorts、glasses、knickers 在翻译为汉语时不用译为复数，应译为“短裤”“眼镜”“短衬裤”。

（2）增词法翻译名词复数。

汉语对于复数的表达一般是直接在名词前加数量词或其他表示数量的词，英语则通过变换名词形态来表达。将英语中的复数名词翻译为汉语，需联系上下文本含义，可在名词前加定语“一些”“各（诸）”“成批（群、堆等）的”，或在名词后加复数词尾“们”“群”“之流”等表达。如“Newsmen flew to Peking.”译为：“记者们飞往北京。”

（3）用重复法翻译名词复数。

这种方法往往是为了突出名词本身或让译文更加通顺、准确，避免出现逻辑混乱而采用的。如用“人人”“天天”“个个”等词表达英语中相应的复数意义。

（二）代词翻译

代词，顾名思义是起到替代作用的词，既能够代替词、词组，也可以代替句子、语段。英语中代词包括人称、物主、反身、相互、指示、疑问、关系和不定代词共八种，汉语中代词包括人称、指示、疑问三种。

1. 英语代词翻译

（1）人称代词和物主代词。

①省略做主语的人称代词。

首先，按照汉语的习惯来讲，主语一般不会同时出现在前半句和后半句中；英语中则会出现多次人称代词，且多数句中都会有主语，英译汉时可省略重复出现的主语。

例 10：I had many wonderful ideas, but I only put a few into practice.

译文：我有很多美妙的想法，但是付诸实践的只是少数。

在例 10 中，由于后半句中的主语是人称代词 I，与前半句中的主语相同，因而英译汉时省略了这个人称代词。

例 11：He was happy and he must have finished his homework.

译文：他很高兴，一定是写完作业了。

其次，当主语为人称代词时，英译汉时也可以省略。

例 12：We live and learn.

译文：活到老，学到老。

在例 12 中，we 是人称代词，做主语时可以表泛指，可省略。

例 13：——When will he arrive?

——You can never tell.

译文：——他什么时候到？

——说不准。

在例 13 中，you 是人称代词，做主语时也表泛指，可省略。

例 14：The significance of a man is not in what he attained but rather in what he longs to attain.

译文：人生的意义不在于已经得到什么，而在于渴望得到什么。

在例 14 中，人称代词 he 做从句主语，表示泛指，翻译时都可省略。

②人称代词做宾语时可省译。英语中无论前文有无提及宾语，做宾语的人称代词都可以直接省译。

例 15：The more he tried to hide his mistakes, the more he revealed them.

译文：他越想掩饰自己的错误，就越易于暴露出来。

在例 15 中，做宾语的代词 them 省译了。

例 16：Please take off the old picture and throw it away.

译文：请把那张旧画取下来扔掉。

例 16 中省译了做宾语的代词 it。

③物主代词可省译。物主代词是英语文本中使用率较高的词，在同一句中可能存在多个。在翻译时如果句中没有出现其他人称物主代词，则可以将多个物主代词省译，否则所翻译出的汉语会非常啰唆，不够通顺。

例 17：I put my hand into my pocket.

译文：我把手放进衣兜。

例 18：She listened to me with her rounded eyes.

译文：她瞪大双眼，听我说话。

④有时为了加重语气或避免产生误会，要将代词译出。

例 19：The workers and their families were starving.

译文：工人和他们的家属都在挨饿。

⑤根据上下文进行翻译。英语中的代词表示泛指时，要根据上下文进行翻译，不能照译。

例 20：We have shortcomings as well as good points.

译文：人人都有优点，也有缺点。

在例 20 中，we 泛指人们，译作“人人”。

例 21：You can never tell.

译文：谁也无法预料。

在例 21 中，you 泛指一个人，任何人，意思接近 one，译作“谁”。

例 22：They say that we are going to have a new school.

译文：听说我们将会有一座新学校。

例 22 的主语 they 泛指人们，大家，they say 可译为“听说，据说”。

（2）关系代词、指示代词和不定代词。

①关系代词。如 who、which、whom、whose 等，翻译此类词引导的定语从句时要区分句子结构，译法与人称代词相同。

首先，译成汉语的代词。

例 23：I was a willing worker, a fact of which my new boss took fully advantage.

译文：我很爱干活，新老板就尽可能地占我这个便宜。

例 24：My cousin is a painter, who is in Japan at present.

译文：我表哥是个画家，他现在在日本。

例 23 中的 which 译成“这个”，例 24 中的 who 译成“他”。

其次，重复英语的原词（先行词）。

例 25：Rain comes from clouds, which consist of a great number of small of particles of water.

译文：雨从云中来，云中包含无数的小水滴。

例 26：The cook turned pale, and asked the housemaid to shut the door, who asked Brittles, who asked the tinker, who pretended not to hear.

译文：厨子的脸发白了，他叫女仆去把门关上，女仆叫布里特兹去，布里特兹叫补锅匠去，而补锅匠却装作没听见。

在这两句中，由于提到的物或人不止一个，因此在译文中需重复原词以避免混淆。

②指示代词。

首先，this、that 在英语中分别译为“这”“那”，these、those 分别译为“这些”“那些”。作为指示代词，this 和 these 主要指代相近事物与下文将要谈到的事物，that 和 those 主要指代上文已经谈到的事物与不相近的事物，指代区别比较大。汉语中“这”“这些”和“那”“那些”的指代区别则比较小。

例 27：There is nothing comparable in price and quality. That's why we choose it.

译文：在价格和质量上都有着无与伦比的优势，这就是我们选择它的原因。

例 27 中的指示代词 that 指代上文，被译为“这”。

例 28：Do you remember how we recruited, organized and trained them? That's the basic way to set up a club.

译文：还记得我们如何招募、组织并训练他们的吗？这就是成立一个社团的基本方法。

例 28 中的指示代词 that 指代上文，被译为“这”。

其次，英语表达中前文如果提到了两个名词，后文中通常会使用 that 指代前一个名词，用 this 指代后一个名词。但对其进行翻译时则不用指代词，而是直接翻译原词。

例 29：I'm going either today or tomorrow; the latter is more likely.

译文：我或者今天走，或者明天走，明天的可能性大一些。

例 30：My father was Irish, my mother—a Highlander. The former died when I was seven years old.

译文：我父亲是爱尔兰人，母亲是苏格兰高地人。我七岁时父亲就死了。

③不定代词。

首先，some 和 others 常一起用于英语复合句中，汉语译作“有的……，有的……”“或……，或……”。

例 31：Some walked to the station, others took a bus.

译文：有的步行去车站，有的乘公共汽车去。

例 32：Some of our classmates come from Eastern China, some from Southwestern China, some from North China, and others from the North-east of China.

译文：我的同学或来自华东，或来自西南，或来自华北，或来自东北。

其次，“one...another...a third...”用于复合句中，是表示许多并列的事物，汉语译成“一（个）……，一（个）……，一（个）……”或其他表示并列的句型。

例 33：Tomorrow morning we have three classes: one is reading, another is oral English, and a third is translation.

译文：明天上午有三堂课，一是阅读，一是口语，一是翻译。

2. 汉语代词翻译

汉语中代词有如下几类。

（1）人称代词。

常见的人称代词有我、你、她、他、它。在这些代词后面增加“们”字，可构成其复数表达形式。汉语中的代词“自己”，属于复称代词，主要使用在人称代词或指人的代词作为主语且后文需复称主语时。另外，“咱”“咱们”“我们”，可指代所有听话人。在汉译英过程中对于人称代词的翻译必须考虑到文本的具体内容和情境，这是因为汉语除了指代一些事物之外，一般很少使用代词，这与英文中较高频率地使用代词的表达习惯是不同的，所以需具体情况具体分析。

①增补人称代词。主语是英语句子的重要组成部分，汉译英要注意不能缺少人称代词，以符合英语语法习惯。

例 34：漏电会引起火灾，必须好好注意。

译文：Leakage will cause a fire, you must take good care.

例 35：有时间就来串门。

译文：If you are free, please drop in.

以上两个例句中的汉语主语均未出现，译成英语时，要增加主语 you，使句子完整。

②增补物主代词。汉语的很多句子的逻辑关系明确，不需要用物主代词；但英语中涉及人的器官、所有关系、有关的事物时，都要用物主代词。因此，汉译英时应该增补物主代词，使关系明确。

例 36：孩子们在洗手。

译文：The kids are washing their hands.

例 36 中增补了物主代词 their。

例 37：她费了不少劲儿才找到回家的路。

译文：It was with some difficulty that she found the way to her own house.

例 37 中增补了物主代词 her。

例 38：他耸耸肩，摇摇头，两眼看天，一句话说不出。

译文：He shrugged his shoulders, shook his head, cast up his eyes, but said nothing.

例 38 中增补了三个物主代词 his。

③增补反身代词。汉语的一些句子的反身代词是隐含的，汉译英时应该补上，尤其是一些做宾语或同位语的反身代词。

例 39：为什么我们扇扇子会感到凉快？

译文：Why do we feel cooler when we fan ourselves?

例 39 中的反身代词 ourselves 在从句中做宾语。增补了反身代词会使句意更完整，即把汉语隐含的内容翻译出来了。

例 40：她由于工作落后而感到惭愧。

译文：She was ashamed of herself for being behind in her work.

例 40 中的 herself 在译文中充当介词 of 的宾语。

例 41：昆虫到冬天就蛰伏起来了。

译文：Insects hide themselves in winter.

④人称代词照译。汉语的一些人称代词在句中的用法同英语相似，译成英语时可以照译。

例 42：电子计算机为我们节省了大量时间。

译文：The electric computer saves us much time.

例 43：你今天觉得怎么样，琼斯先生？

译文：And how are you feeling today, Mr. Jones?

例 44：大家都说物价又要上涨了。

译文：They say prices are going to increase again.

（2）指示代词。

“这”和“那”是汉语的指示词中的基本形式，“这里”“那里”“这儿”“那儿”是衍生出来的表示处所的指示代词；“这会儿”“那会儿”是衍生出来的表示时间的指示代词；“这样”“那样”是衍生出来的表示方式的指示代词；“这么”“那么”是衍生出来的表示程度的指示代词。

①增补指示代词。英语中的指示代词是用来指代之前的名词的。在汉语中没有这种使用方式，通常直接作省略处理，所以增补指示代词就由此产生了。

首先，在英语中，常用指示代词的指代作用来避免重复出现同一个名词。

其次，在汉语中，常用无人称句来表示时间、天气、距离和自然现象等；但是，在英语中，一个句子的主语是不可缺少的，所以汉语翻译成英语的时候需要增补主语，it 是最常用的增补主语。

最后，有时为了英语语法的需要，以形式主语、形式宾语进行增补。

②照译指示代词。

例 45：这是一座现代化的工厂。

译文：This is a modern factory.

（3）疑问代词。

“谁”“怎样”“哪”等是汉语中常见的疑问代词。不管在汉语还是英语中，基本都是在疑问句中使用疑问代词，且每个词都有对应的规则。所以，可对照翻译。

例 46：谁在隔壁房间打字？

译文：Who is typing next door?

例 47：哪儿能买到邮票？

译文：Where can I buy some stamps?

例 48：我怎样才能找到好工作？

译文：How can I find a satisfactory job?

（三）冠词翻译

冠词是不可以独立存在的，其作用在于解释名词含义，因而是随着名词而出现的。作为虚词，英语中可分为定冠词与不定冠词，即分别为 the 和 a/an。汉语中无这类词。

1. 不定冠词翻译

在以下情况下，不定冠词 a/an 具有一定的意义，是必须译出的。

例 49：An apple a day keeps the doctor away.

译文：每天一苹果，医生不找我。

例 50：A fluent speaker never lacks a word, but an accurate speaker never lacks the word.

译文：讲话流利的人从不缺少词汇，但讲话精确的人从不缺少恰当的词汇。

汉语量词很多，翻译时需要注意搭配，有所选择。翻译时不能见到 a 就译成“一个”，而不考虑“个”是否和后面的名词相配。

2. 定冠词翻译

（1）定冠词 the 在英译汉时常省略。

在汉语中，名词是泛指还是专指、类指还是特指，往往从上下文或者语境中可以知道，所以一般不需要指示代词“这”或“那”。因此，在汉语译文中，定冠词 the 常省略。

例 51：The students are in the classroom.

译文：学生在教室呢。

（2）定冠词 the 译成“这”“那”或其他词。

①冠词在指示性作用较强的地方可以翻译出来，因为有些名词要是不加“这（那）”就容易和别的事物混淆。

例 52：The weather is better than where I am from.

译文：这儿的天气比我老家好。

②名称替换。英语前文中谈及某人或某事物，以后再提的时候却变了一

个说法，这就是名称替换。在这样的句子中，很多时候都要用到定冠词（或物主代词），在翻译的时候有两种处理办法。一是使用指示代词，二是重复第一次出现的名词。

例 53：Professor Black has taught literature for many years and his students is now all over the world. The professor is much popular with all his students.

译文：布莱克教授教文学很多年了，他的学生遍布世界各地。这位教授深受学生喜爱。/ 布莱克教授深受学生喜爱。

3. 冠词和抽象名词或具体名词连用译法

（1）冠词与抽象名词连用，可化抽象为具体。

①抽象名词为动词所派生而成时用不定冠词。这种情况下使用不定冠词能明确名词的具体意义，避免其过于宽泛，不定冠词可译成“一类”“一种”“一个”“一次”等。

例 54：A failure doesn't matter much.

译文：一次失败没有什么。

②品质抽象名词为形容词派生而成时用不定冠词。这种情况下也是为了保证名词的具体意义能充分表达，一般有着品质、情状的含义，因此，不定冠词可译成“一种”“一方面”“之一”等。

例 55：A beauty of the newly-uncovered bottle is its unique shape.

译文：独特的形状是这个刚出土的瓶子的魅力之一。

③抽象名词前用定冠词，表示比较具体的行为、品质。前用定冠词，可表特指，它表示的就不再是泛指意义而是比较具体的行为、品质了。这种情况下翻译时一般不译冠词，而是作抽象名词具体化处理。

例 56：The persuasion of him has failed.

译文：对他的说服工作失败了。

（2）冠词和具体名词连用，可化具体为抽象。

①与描述人体部位的名词连用。如与 eye、ear 等感官部位名词连用时，所表达的含义可能不再是具体的“眼睛”“耳朵”，而译为“视觉”“听觉”等方面的含义。

例 57：I do not have an ear for music.

译文：我听不懂音乐。

②与描述工具的名词连用。具体表示的含义为与工具相关的一些抽象概念或相关动作。

例 58：How do you go to school? I use the bike.

译文：你怎么去学校的？我骑自行车。

（四）副词翻译

1. 英语副词的翻译

英语中副词用于对时间、地点、方式等进行说明，明确状况或程度，对句中的动词、形容词等也起到修饰作用。

（1）副词在英译汉中能被翻译为多种词性，如动词、关联词和形容词等。

（2）副词词序及其翻译。副词在英语句子中的位置非常灵活，翻译时要根据汉语习惯进行灵活调整。

2. 汉语副词的翻译

汉语中，副词的作用在于描述情况，包括范围、时间、程度、语气、频率、情态等，而描述情况的对象为动作、状态、性质等。副词一般被用为状语，像“很”“极”可以放在形容词后做补语。汉译英时副词根据语义和逻辑关系可译为副词、形容词、名词、动词、介词等。

（五）动词翻译

动词的用法可以明显体现出英语与汉语之间的区别，英汉在动词运用方面存在很大差异。相较于英语，汉语中的动词是非常多变且动感较强的。原因在于：一是汉语是分析型语言，动词可连用于同一句子中，且其形态不会出现变化，而英语中一个句子中的动词是单一存在的；二是英语中的一些副词、名词等也有着动词的特征和作用；三是汉语中动词在句中的作用较丰富，如做谓语、定语、宾语、主语等，但英语中动词一般是做句子的谓语。因此，翻译时，需要注意这些特点。

1. 汉语动词的翻译

汉语中动词表现力较强，具体使用方式为：一是动词独用；二是动词连用；三是动词叠用。

（1）动词独用的翻译。汉语动词单独使用时，对名词、形容词、介词、副词等的汉译英要以具体情况为依据。

（2）动词连用的翻译。汉语中较为常见的是在同一个句子中同时使用多个动词，可表示多个动作，一般包括“连动式”和“兼语式”。英语中在同一句子中表示多个动作则需要对动词形态进行一定的调整，如将其转换为非谓语形式、增加连词、转换为介词短语形式，甚至省略等。

（3）动词叠用的翻译。汉语中对叠词的使用较为常见，名词、副词、动词、形容词等都可以进行叠用，叠词的表达效果更加突出语言的生动性与感染性。

2. 时态的翻译

（1）英译汉中的时态表达。

①一般现在时。这是一种表示现在状态或特征的时态，也可用来表示经常性的动作或大家普遍接受的事实和真相。一般现在时可用于代替一般将来时，最常见于描述时间状语中的将来动作和条件状语中的将来动作。

谓语动词一般采用直译的方法，有时还可以在动词前用“可以……”“会……”等。

②一般过去时。这是一种表示过去状态或特征的时态，通常以情况和动作为主。针对情况或时间不是很明确但是确实发生过的动作，可以使用一般过去时。

翻译一般过去时相对简单，因为汉语语言习惯中可以直接通过表达过去的时间表达一般过去时的概念。所以，对于表示过去的时态，不用特意添加助词或者副词来翻译。可以结合上下文、通过时间状语等形式来翻译过去时态。在特殊情况下，如为了精准表达或者强调，翻译过程中会在句子开端使用“当时”“以前”“过去”等事件副词，或者在句子中使用“曾”“已经”“……过”“……了”等字来表示过去时。

③一般将来时。这是一种表示以后的状态或者要发生的事情的时态。翻译过程中，一般使用“会……”“便”“将要……”“就”等词来表示。

④现在进行时。表示时刻或时段内某种动作正在进行。翻译时，译文中

有“着”“在”“正在”“不断”等体现进行时的字词。

⑤现在完成时。翻译时，应将“已经”等时间副词置于动词前，将“了”“过……了”等助词置于动词后。

（2）汉译英中的时态表达。

①通过一些特定词进行翻译。

首先，如果句子用“着”“一直 / 不断 / 不停”“在”“从……来”“向……来 / 去”“边……边……”，那么句子的时态为进行时。在没有时间状语的情况下，翻译时依照现在进行时、现在完成时和过去完成时进行。

其次，如果句子用“将要”“要”，那么句子的时态为将来时态。如果句子用“要 / 快要……了”，那么句子的时态为将来完成时态。如果句子用“已经在……了 / 呢”，那么句子的时态为完成进行时态。

最后，如果句子用了“了”“已经”“完”“好”“掉”“成”，那么句子的时态一般为完成时。无时间状语，翻译时依照过去时、现在完成时、过去完成时进行。

②不同的理解，不同的翻译。汉语中，语境决定着时态的含义，一些特定的词起到了提示作用，它们与英语也并非一一对应。

3. 被动语态翻译

英语中的被动语态意在描述主语与谓语动词的状态变化，一般表示动宾关系。在句子结构中，谓语动词的承受者就是被动句的主语。英语中最突出的一个特点，也是和汉语最大的区别之一就是被动语态的广泛运用。英语中被动语态的使用情况：一是动作执行者未知时；二是动作承受者是句子核心时；三是考虑到礼貌用语或对动作承受者身份保密时；四是为了合理安排上下文的衔接。

被动句（被字句）在汉语中也会使用，只是使用频率较低，通常是以无主语句式或主动句式来表示英语中相应的被动语义。汉语中被动语义表达的形式包括：第一，句子中出现“给”“让”“由”“被”“叫”等词的显性被动情况；第二，句子中出现“……为……所……”“……的是……”“……是……的”等句式的半显性（半隐性）被动情况；第三，句子中出现逻辑上被动形式的隐性被动情况。

（1）英语被动语态翻译。一般按照汉语的语言习惯将被动翻译为主动，也有少数保留被动语态，这取决于汉语对相应被动语义的表达习惯。

①翻译为主动句，详见表 2-1。

表 2-1　将英语被动语态译成汉语的主动句的几种方式

方式	说明
保留原文主语	汉译被动句时，原文主语可保留
转译原文主语为宾语	将原文中主语译为宾语，若原句无动作实施者，翻译时可增加“大家”“人们”和“大部分人”等主语
译成无主句	被动句中若未给出动作行为主体，翻译时将被动句转译为无主句。通常应用于没有 by 短语和情态动词的被动句中。转换原文主语为宾语，并将其置于动词后，或者将宾语加上“将”“对”等词后置于动词前。有些被动句中主语是短语中的名词，可合译原文的主语和谓语，翻译为无主句的汉语中的谓语
译成带表语的主动句	汉语中对人或事物的客观情况进行说明时通常使用“……是……的”句式，英译汉时可以对说明人或事物客观情况的被动句进行翻译
it 作为形式主语，英译汉转变为主动形式	译文主语有时确定，有时不确定，不确定主语有“我们”“大家”“人们”等

②翻译为汉语被字句。英语中，当谓语动词的意义在被动句中为语义关键时，应将其翻译为被动形式的汉语。

（2）汉语被动语句的翻译。汉语中应用较为普遍的是意义被动式。一般以英语被动式进行翻译表达。

4. 虚拟语气翻译

虚拟语气指的是非真实的、猜测性或建议性的一种假设，不仅不可能发生，而且还可能与事实完全相反。

英语中，对于虚拟语气的表述一般以变化动词形态来实现，汉语中则主要利用词汇手段来表述。现代汉语中表示虚拟的词语比较多，主要有以下几种。

组成谓语部分的前置助动词。一是意为可能性，如“能”“可能”“会”等；二是意为意愿，如“愿意”“想”“乐意”等；三是意为推测，如“应”“应该”“应当”等。

加强、限定谓语成分的副词。一是“就”“就会”“早就”，其中“就”作为副词表强调，如“如果我是你，我就去”，不可省略；“就会”在“就”的基础上加上了一个助动词“会”，作为副词表“假设”的重要程度；“早就”在“就”前加“早”，也表加强与强调。二是“本”“本来”“原本”，是表限定的副词。三是“竟”，是表加强的副词。汉语中一般用“副词+助词+动词”的谓语组合结构形式来表示“假设”。

引导条件句的连接词。一般而言，现代汉语在复句中表达假设的含义，是通过连词引导条件句来完成的。这样的连词包括：如果；假如，假设，假定，假若；若，倘使、倘，若使、设若；要是。

（1）英语虚拟语气及其翻译。

英译汉时，需先对虚拟语气的类型进行判断，一般根据句中谓语动词形态、表假设的连词等进行分析，继而再合理翻译。在非真实条件句中，条件从句和主句使用谓语动词形式即被称为虚拟条件句，以时态差异划分为：与现在事实相反，与过去事实相反，与将来事实相反。其中，条件从句、结果主句运用虚拟语气进行表达。

（2）汉语虚拟条件句及其翻译。

第一，有虚拟标志的汉语句。根据汉语的词汇手段，即虚拟标志，大体可以从字面上判断出汉语的虚拟语句。然后用相关的英语虚拟语句译出。

第二，隐性虚拟汉语句。对没有虚拟标志的汉语语句，即汉语的隐性虚拟表达，一般可通过句子的逻辑含义来判断。如果是虚拟语句，则用相应的英语虚拟语句译出。

（六）连词的翻译

用于连接词和词、句和句等的词语称为连词，包括并列连词、从属连词两种。当所连接的词、短语或句子前后是同等的成分，即为并列连词；当连接词的作用为引起从句时，即为从属连词。

1. 英语连词的翻译

（1）省略不译。英译汉时，很多情形下连词不用翻译，因其通常被用于连接词、句等，无其他含义，一般可以略去不译。

（2）照译。部分情形下连词不仅用于连接，而且具有含义，省略不译对原文意思产生影响时需照译。

（3）转译。英语的连词除了可译作汉语的连词外，也可按照其在原文中的具体作用，改变其词性为动词、副词、助词等进行翻译。

2. 汉语连词的翻译

词和词、短语和短语或分句和分句，在汉语中的连接并非必须使用连词，如："文（学）艺（术）界""好好学习，天天向上！""王老师工作一贯认真负责，这次被评为'优秀班主任'。"此等情况在汉译英时要根据英文句法要求及语义的逻辑关系增补恰当的连接词。

二、英汉词汇翻译的技巧

汉语和英语在语法和表述习惯方面有着诸多不同，故把汉语词语译成符合英语语法和表述习惯的英语短语时，需使用一些翻译技巧，包括增词法、归化法、加注法、省略法、具体法、抽象法、词性转化法、视角转换法以及结构调整法等。[①] 译者只有知晓并掌握了这些技巧，再凭借好的英语语言基础，包括掌握句法和词法以及足够的词汇量，才能自如地进行汉译英活动。学生之所以会存在阅读困难，一个最直接的原因就在于词汇量不足。词汇量的多少与学生阅读水平之间有直接的联系。学生认识的单词越多，他们的阅读障碍就会越小；学生认识的单词越少，他们的阅读障碍就会越大，阅读中遇到的困难也就越多。因而，掌握更多的词汇及其翻译技巧，可以强化学生的阅读水平。

（一）符合英语语法与表述的增词法

汉译英时，时常需要根据英语的语法和表述习惯，在汉语原文的基础上增添一些单词或词组；当汉语原文的真实含义隐藏在字里行间并未明确地表达时，在将其译为英语的过程中，一般可通过增词法把句子隐含的意思更加清晰地传达给读者。

"增词不增意"是增词法的应用依据，即译出隐义时不能增加或改变原句之意。当然，有时为保持原文的风格和句子的特色，译者不能违背作者意图

① 余静娴 . 大学英语通用翻译教程 [M]. 北京：对外经济贸易大学出版社，2014：145.

而把所有的隐含之义都清楚地译出，使译文变得像白开水一样而失去许多意趣，致使读者失去思考和探索之乐。因此，译者既不能漏译原句的隐义，又不能把原著作者刻意要含蓄表达的隐意都“竹筒子倒豆”般地统统译出。换言之，译者要恰如其分地在 under-translation 和 over-translation 之间找到平衡，避免走极端，避免使译文失去原文的风采。

1. 根据语法习惯增加冠词

汉语没有冠词，把汉语译成英语时要适当加上冠词。至于用哪些冠词、哪里用冠词，其实是英语语法中对冠词使用的问题。

（1）增加不定冠词（indefinite article）。

例 59：我们在业务上有了良好的开端。

译文：We have made a very good start in our business.

（2）增加定冠词（definite article）。

例 60：天空中开始闪烁着淡紫色、玫瑰红和琥珀色。

译文：Hues of lavender, rose and amber begin to pulsate in the sky.

2. 增加做主语与宾语的代词

（1）增加做主语的代词。

在汉语中，如果前文出现过一个主语，而后面一句的主语与前文一致，那么后句主语可以省略。但是翻译成英语时，一般要将这个被省略的主语补上。

例 61：但我就是这个脾气，尽管多番努力，却还是没能改掉。

译文：But that is the way I am, and try as I might, I have not been able to change it.

此外，汉语中还有不少无主句，翻译成英语时也应将省略的主语补上。

例 62：很高兴收到您的来信。

译文：I am so glad to hear from you.

例 63：这里到处可以看到枝繁叶茂的树木。

译文：Here you can find lush trees everywhere.

例 64：看样子要下雨了。

译文：It looks like rain.

（2）增加做宾语的代词。

汉语中，常常可以把动词后面的、前文出现过的宾语省掉，以避免啰唆。

但译成英语时，由于及物动词后面必须跟宾语，宾语不能删；为防止重复，需以代词替代前文提到过的这个宾语。

例 65：你越要掩盖自己的错误，就越会暴露。

译文：The more you try to cover up your mistakes, the more you reveal them.

（3）增加物主代词。

例 66：一只苍鹭从远处的岸边飞起，轻轻地扇动着翅膀飞过湖面。

译文：A heron rises from a distant shore and gently fans its way over the lake.

3. 增加表特定文化的背景词

由于中西方文化间的差异较大，因此，关于中国特有文化的内容，如果简单而机械地译成英语，外国读者肯定会感到迷惑。此时就有必要在译文中适当加上解释性词语，从而把该汉语词汇或短语所隐含的意思表达清楚。

例 67：茅台是我爷爷的最爱。

译文：Maotai Liquor is my grandpa’s favorite.

解析："茅台"是中国知名白酒品牌，这里其实具体指的是"茅台酒"。考虑到多数外国人并不知道这是一种酒，所以这里有必要添加 liquor 一词，予以说明。

例 68：三个臭皮匠，抵个诸葛亮。

译文：Three cobblers with their wits combined equal Zhuge Liang, the master mind.

解析："诸葛亮"在中国可谓是家喻户晓的神机妙算之人，然而在国外却未必尽人皆知。因此，在这里加上"the master mind"这一解释性词组，有助于英语读者更好地理解这句话所隐含的"人多力量大"的深意。

4. 增加表并列与从属关系的连词

汉语复句之中，各分句之间的关联词常可不用，因为其前后的逻辑关系往往暗含于其中。而译成英语时，必须把这些关联词补充进去。例如：

（1）增加并列连词。

例 69：她瘦弱憔悴。

译文：She is scraggy and haggard.

（2）增加从属连词。

①增加表示因果的从属连词。

例 70：他没有看过校长讲话的文本，不愿加以发挥。

译文：He declined to amplify on the principal's statement, since he had not read the text./ He had not read the text of the principal's statement, so he declined to amplify on it.

②增加表示条件的从属连词。

例 71：你不参加这个比赛，那我也不参加。

译文：I won't participate in the contest if you don't.

③增加表示时间的从属连词。

例 72：你明天去购物，帮我把这封信寄了吧。

译文：Please post the letter for me when you go shopping tomorrow.

5. 增加汉语中省略而英语中必用的介词

例 73：她白天在餐厅工作，晚上在酒吧当女招待。

译文：She works at a restaurant during the day and as a waitress at a bar at night.

例 74：我家的屋后有一个果园。

译文：There is an orchard at the back of my house.

例 75：他还太年轻，无法明辨是非。

译文：He is too young to distinguish right from wrong.

（二）选择英语同义词组的归化法

有些汉语词组恰好能在英语中找到意思极为相似的对应词组，此时，不妨将英语中与之相对应的词组作为其译文，以使英语译文更加符合英语的文化背景，更易于被英语读者接受。例如：

丁字尺（T-square）

解析：该汉语词汇以“丁”字来生动而形象地描绘了这种尺子，令人一目了然。但把该词组译成英语时就有麻烦，因为许多外国人并不认识汉字。而且是利用汉字“丁”的字形来描述尺的形状，并非利用其意。所幸，英语 26 个字母中的“T”恰好与汉语“丁”字极为相近，因此翻译时可用“T”来代替“丁”，起到相似的表述作用。

一箭双雕（kill two birds with one stone）

解析：该汉语成语恰好在英语中有个意思雷同的成语与之对应。尽管“箭”与 stone、“雕”与 bird 的概念并不等同，但两个短语所表达的含义却是如出一辙。所以可用英语成语来译汉语成语，从而保持原文的精彩妙趣。

咬紧牙关（bite the bullet）

解析：在得不到麻醉药的情况下，医生给伤员动手术时会让他们嘴巴紧紧咬住毛巾或皮带（在战场上或许是子弹），以此保护舌头，并帮助伤员缓解手术过程中的剧烈疼痛。该英语短语沿用至今，并被赋予抽象的含义。这一英文短语无论在具体还是在抽象的含义上都可与汉语短语“咬紧牙关”相对应。

类似的还有挥金如土（spend money like water）、得寸进尺（give him an inch and he will take a mile）等。

例 76：这个踌躇满志的大学毕业生认为自己有点石成金的本领。

译文：The ambitious university graduate thought that he had the Midas touch.

根据希腊神话的描述，酒神狄奥尼索斯赐给佛里几亚国王 Midas 一种能够将所有用手触碰过的物体转变为金子的能力。例 76 中的英语短语 Midas touch 恰好对应汉语“点石成金”之意，且形象生动。

（三）使汉语文化内涵清晰的加注法

汉语中许多词汇具有特殊的文化内涵，将其译成英语时，仅用增词法不足以把相关的文化背景介绍清楚，此时就需借助详细注释，帮助读者理解汉语句子的真实含义及其相关文化背景。

例 77：佛跳墙是福州著名的菜肴。

译文：Fotiaoqiang (braised shark fin seafood) is a traditional Fuzhou dish.

Note：The dish’s name comes from a legend that even the Buddha could not resist the temptation of the dish and jumped over the wall to taste it.

（四）使译文简洁、流畅的省略法

把汉语译成英语时，有些词汇和短语可以省略不译，以使英语译文更加简洁、流畅、地道。但是，使用省略法的前提是保持原文的意思不变，省略绝不等于漏译。

1. 省略汉语范畴词

许多汉语的名词性短语善用范畴词，而英语却相应地多用概括能力强、词义范围宽的抽象词。因此要将汉语翻译成地道的英语，一般应将汉语的范畴词省略不译。例如：

能见度（visibility）

说服工作（persuasion）

紧急状况（emergency）

疯狂行为（madness）

2. 省略汉语重复词

汉语中常常重复某个词汇，以达到强调等特殊效果。但在英语中使用“重复”手段的频率远不如汉语中高。因此，汉译英时，可以让重复部分只出现一次，或在第二次出现相同内容时用代词代替，从而避免累赘。

例 78：中国人民历来是勇于探索、勇于创造、勇于革命的。

译文：Chinese people have always been courageous enough to probe into things, to make inventions and to make revolution.

例 79：他讨厌失败，他在一生中曾经战胜失败，超越失败，并且藐视别人的失败。

译文：He hated failure; he had conquered it all his life, risen above it, and despised it in others.

例 80：我耸了耸肩，小汤姆也耸了耸肩。

译文：I shrugged my shoulders, and little Tom did the same.

例 81：热能可以转化为电能，电能也可以转化为热能。

译文：Heat energy can be transformed into electric energy, and vice versa.

3. 省略意思相同的细节描写

汉语中常常连续使用几个结构相同、意思相似的并列词组来达到一定的修辞效果。汉译英时可省略意思相同的词，不改变关键意思就行。

例 82：她有着沉鱼落雁之容，闭月羞花之貌。

译文：Her beauty would put the flowers to shame.

4. 省略汉语的语气助词

汉语中常使用语气词“吗、呢、呀、啊”等来表达说话者疑问、惊讶、感慨等语气，译成英语时，常可省略。

例 83：猿猴能掌握像人类语言这样的东西吗？

译文：Can an ape master anything like human language?

例 84：不过你打算去请多少人来呢？

译文：Now how many men do you figure to have sent here?

（五）将抽象或含义模糊的词语具体化

汉语原文中有些用词比较抽象或含义比较模糊，翻译时不妨把这些词语加以具体化，以使英语译文更加形象生动，同时也能帮助读者理解其中的深意。

例 85：他另有企图。

译文：He has an ax to grind.

例 86：生活中既有甘甜，也有苦涩。

译文：Every life has its roses and thorns.

例 87：我们刚进入太空时代。

译文：We are at the dawn of the space age.

例 88：他精彩的演讲博得满堂彩。

译文：His remarkable speech brought down the house.

（六）将具象词汇或相关成语抽象化

不少汉语的词汇或成语非常形象具体，但在英语中往往没有语义和形象完全与之对应的短语。若按照字面意思生硬地直译过来，读者或会感到非常费解。因此，译者不妨把这个“具象”的词汇或成语“抽象化”翻译，以使英语译文自然流畅，也能帮助读者领会其隐含的意思。

例 89：流利的英语是她进入这家合资企业的敲门砖。

译文：Fluent English is her entree to this joint venture.

（七）翻译过程中的词性转化法

汉语和英语在某些词性的使用频率上不同。一般而言，汉语具有动态性，因而表达中应用到许多动词，连动式和兼语式等结构也常出现；而英语是偏“静态”的语言，相对而言，名词和介词的使用频度较高。对此，在汉译英的过程中，翻译动词时需把握英语的表达习惯，适当改变这些汉语动词的词性。其他词性的汉语词汇译成英语时，有时也需要转换词性进行翻译，以使译文更为地道。

1. 将汉语动词转换为英语名词

例 90：采用这种新装置可以大大提高效率。

译文：The adoption of this new device will greatly improve the efficiency.

2. 将汉语动词加副词转换为英语形容词加名词

例 91：物价上涨得那么快，老百姓简直难以应付。

译文：Ordinary people simply cannot cope with such sharp rises in prices.

3. 将汉语动词转换为英语副词

例 92：他打开窗户，让新鲜空气进来。

译文：He opened the window to let fresh air in.

4. 将汉语动词转换为英语介词

例 93：老师捧着试卷走进了教室。

译文：The teacher entered the classroom with the examination papers in her arms.

5. 将汉语形容词转换为英语动词

例 94：听到敲门声，帕克很紧张。

译文：Parker tensed at the soft knock.

例 95：这个湖很臭。

译文：The lake smells.

6. 将汉语名词转换为英语动词

例 96：女神戴斯是正义的化身。

译文：The goddess Dice personifies justice.

7. 将汉语名词转换为英语形容词

例 97：这名伤者被迅速送往医院。

译文：The injured was quickly sent to the hospital.（名词—形容词）

8. 将汉语名词转换为英语副词

例 98：严格的训练使他们身心疲惫。

译文：The strict training made them tired, both physically and mentally.（名词—副词）

（八）根据英汉表达习惯的视角转换法

汉语中的一些词汇在英语中很难找到精确对应的词，鉴于此，需转换一下视角以寻找到翻译的突破口。此外，根据汉语和英语各自的表达习惯，有时需要把从正面表述的汉语翻译成从反面表述的英语，或者把从反面表达的汉语翻译成从正面表达的英语，类似于英译汉中的正反译法。

例 99：她们虽是妯娌，但关系却不太好。

译文：Although their husbands are brothers, they are not on good terms with each other.

例 100：赶紧完成你的作业吧。

译文：Don't lose time in finishing your homework.

例 101：她拉上窗帘，不让阳光进来。

译文：She drew the curtains to keep out the sun.

（九）改变形容词与副词语序的结构调整法

（1）用多个形容词对名词进行修饰，其中形容词因在汉语和英语中的位置不尽相同，所以在汉译英时，要根据英语习惯改变这些形容词的前后次序。

例 102：这本书介绍了优秀的德国现代建筑。

译文：This book gives an introduction of outstanding modern German architecture.

（2）汉语常把表示时间、地点等的定语置于被修饰名词前，汉译英时需后置定语。

例 103：他没有出席上个星期的会议。

译文：He didn't attend the meeting last week.

例 104：你看过《霓虹灯下的哨兵》吗？

译文：Have you seen *Sentinels under Neon Lights*?

第二节 英汉的句式翻译

一、英汉句式翻译的类别

英语文本中不同的文体风格、复杂的句型、多样化的长句、极强的逻辑关系等，都为翻译造成困难。然而，“形合”也是英语的一种特点，长句和复杂结构的句子都可以分解为基本的组成结构。在翻译过程中，翻译者最先要做的就是找到句子的主干结构，理顺句子的主谓宾，然后将长句分解为短句进行分析，解析句子中的插入语、固定搭配等。以汉语表达与结构为依据进行翻译，能够保障翻译的准确度。

（一）英汉句子的种类

1. 英语的句子种类及类型

英语中，句子具有一定的规律性，是由多个语言单位构成的，用来表达一个独立、完整的意思。篇幅是由多个句子单位构成的。祈使句、感叹句、疑问句与陈述句是以使用目的差异划分的，简单句、并列句与复合句是以结构差异划分的。

2. 汉语的句子种类及类型

单句、复句在汉语中最为常见，按照不同标准，单句还可细分：一按内容和语气细分为祈使句、感叹句、疑问句与陈述句；二按语法结构细分为无主句、省略句、独语句和完全句。复句是指等于或多于两个单句依托联系所组成的复杂句子。复句中每一个单句即为分句，所有的分句必须是有相应关系的，可以用关联词或语序来表示这种关系。复句除结构复杂外还有丰富的内涵和意义。对复句的划分依据主要是分句所代表的意义的不同，可以分为偏正复句和联合复句。偏正复句中，不同分句呈现的关系是有主次分别的，正句是指主要意义，偏句是指次要意义。排列关系中，正句一般放在后面，偏句一般放在前面。以正句和偏句关系为依据对偏正复句进行划分，分为转折类、条件类、目的类、因果类等类型的句子。例如，“无论大国还是小国，都有各自的优劣”“他说的话让人感动，可惜我说不出那样的话”“既然你这样说了，我跟你去吧”“一旦你让我帮忙，我很乐意效劳”“你快出发吧，免得他们着急”，等等。联合复句中，不同的分句呈现的是平行关系，主要用来表示递进、并列、选择、取舍和承接等关系。

（二）定语从句翻译

限制性、非限制性是英语定语从句的两种类型，主要区别是对句中先行词的限制性的大小不同。英语中定语从句放在修饰的先行词后面使用；在现代汉语中，定语通常是放在所修饰词前面使用的，限定性的大小也没有明显的区分。在英语中，定语从句的结构很复杂；在汉语中，定语作为修饰语，不能太复杂。所以，在英译汉时，在翻译定语从句的过程中要将汉语表达习惯的影响作为重要考虑因素。在英语定语从句特别长的情况下，无论句子属于哪一类型，均不能直接翻译成汉语中的定语，而是要借助其他翻译方法进行灵活处理。在英语中，定语从句较简单时，通常将定语放在中心词前面处理，也有少数特殊情况需要特殊处理；在定语较长的情况下，通常将定语放在中心词后面处理，这时候的定语主要是介词短语、词组、从句等。下面介绍几种英文定语从句的翻译方法。

1. 前置法翻译

进行英译汉时，在先行词前放置定语从句的翻译法称为前置法，一般加助词“的”来“取消句子独立性”。这里的定语从句主要是作为定语修饰语，所以翻译时会采用前置法。翻译过程中，一些简单结构和意义的句子会采用前置法，在翻译非限制性定语从句时也可使用。

2. 后置法翻译

进行英译汉时，在先行词之后放置定语从句的翻译法称为后置法，通常以并列分句的方式存在。后置法适用较为复杂结构的定语从句，尤其是多数非限定性定语从句，以便清晰地表达和叙述。用后置法进行并列分句的翻译，将定语从句视为单句翻译，能够使句子的表达更有条理。

3. 融合法翻译

融合法是将主句与定语从句融合后，视为简单句进行翻译，定语从句按照谓语形式翻译。这种翻译方法常用于限制性定语从句的翻译中，如 there be 结构的句型，原因在于这类定语从句与主句紧密联系。

4. 状译法翻译

英语的定语从句不同于汉语的定语成分：英语中定语从句并不紧密相关于主句，虽然对先行词起到修饰作用，但是不会过分限制其先行词，很多时候更注重对主句谓语或整个主句进行修饰，相当于状语作用，为事件起因、结果、目的以及假设、让步等关系的表达提供支撑。遇到这些情况，要注意灵活处理，先要对英语原文进行准确的理解，然后再对其中的逻辑关系进行把握，最后再对定语从句进行翻译。

综上所述，语言表达是非常灵活的，在处理英语定语从句时，要从原文内容、文体风格、上下文内在逻辑关系等方面进行把握。进行句子翻译时，尤其是译文的语法结构和语义结构不同于原文的句子时，需要进行分析、重组和转换等。只有对原文和译文的语义结构进行区分并找到等值概念，才能得到理想的翻译。

（三）状语从句翻译

英语中，状语从句的作用是对时间、事件、原因、让步、条件、比较、目的和结果等进行说明。状语从句的意义不同，采用的从属连词也不同。英语中的状语从句的位置不同于汉语。通常来说，英语中在宾语之后连接状语从句，其语句形式为“主＋谓＋宾＋状”，也可能将状语从句置于句首。汉语中的语句形式则为“主＋状＋谓＋宾”，当然也会出现状语在主语之前的情况，一般是为了强调。所以，进行英汉翻译时，需要对汉语和英语的表达习惯进行把握，并合理调整语序，而不要被原文的结构和语序所限制。

二、英汉句式的翻译技巧

在了解掌握了词语的翻译方法之后，就要应对句子的翻译。若要确保译文的通顺、准确，译者往往需要采用适当的句子翻译技巧和方法，以妥善处理不同类型的句子，这些技巧和方法主要包括合句法、分句法和变序法等。

（一）合句法翻译

合句法的技巧主要是将汉语复句译成结构紧凑的英语复合句。汉语各句子或分句之间主要凭借语义逻辑维系，句子结构在形式上比较松散。因此把汉语复句翻译成英语时，需要首先分析汉语复句的各句子或分句之间内在的逻辑关系，确定其主句和分句，再通过使用介词短语、从句等手段把它译成地道的英语句子。

例 1：在保险期限内，被保险人应采取一切合理的预防措施，包括认真考虑并付诸实施本公司代表提出的合理的建议。由此产生的一切费用，均由被保险人承担。

译 文：During the period of this insurance, the Insured shall at his own expense take all reasonable precautions, including paying sufficient attention to and putting into practice the reasonable recommendations of the Company.

解析：翻译时将第二个汉语句子视为介词短语融入第一句中，这种处理使英语句子的译文更加简明扼要。

例 2：地处人民广场的上海大剧院以其独有的建筑风格成为上海市的标志性建筑。它的存在使人民广场成为这座城市的政治和文化中心。

译 文：With its unique style, the Shanghai Grand Theatre located at the People's Square has become a representative building in Shanghai, whose existence renders the People's Square the city's center of politics and culture.

解析：采用非限制性定语从句将两个汉语分句合二为一，使结构紧凑。

例 3：他用积攒了好几年的零用钱买了一台数码摄像机。此后，他带着这台摄像机参观了全国各地的景点，拍摄了许多录像。

译文：With the pocket money (that) he had saved for quite a few years, he bought a digital video, with which he then visited various scenic spots throughout the country and shoot a lot of videos.

解析：此例中，汉语复句通过“此后”，把前、后两句作时间上的连接。译成英语时，把第一个汉语连动句式处理成偏正关系的（with... (that) ...he bought...）带定语从句的“介词短语 + 主谓结构”，又把第二句汉语句译成“with which”的“非限制性定语从句”，从而把汉语结构相对较为松散的流水句，译成英语一个主句带两个定语从句和一个介词短语的句式，使结构紧凑、逻辑层次分明。这就是合句法的妙用。

例 4：人的一生有多少意义，这有什么衡量标准吗？

译文：Is there any standard to evaluate the meaning of a person’s life?

解析：此例的汉语复句由两个分句松散地联合而成。分析翻译可知，“衡量标准”即指“衡量人一生有多少意义”的标准。故译成英语时用合句法把第一个汉语句译成动词不定式短语，做后置定语修饰 standard，从而把两句并列关系的汉语句译成一句“偏正关系”的英语简单句，使结构紧凑、重点突出。

由此可见，译者的英语水平越高，就越有可能自如地通过介词短语、动词的非谓语形式（包括独立主格结构）、从句以及插入语等手段，把连接关系相对松散的汉语复句或流水句译成语法逻辑关系清晰、结构层次分明的英语句式。这既与英语表达习惯相符，又能有效表达句子的含义。

（二）分句法翻译

在汉译英时，分句法的技巧主要是将汉语长句有机拆译。汉语的句子只要意思连贯，其形式往往呈松散铺排，并无太多语法逻辑的拘泥。汉语句子可以很长，且一个复句中有时可有多个主语。与此相反，英语则是结构分明、逻辑性很强的语言。有鉴于此，译者有时会发觉难以把一个汉语长句的全部内容浓缩于一个英语句中。此时，译者需根据汉语原文的内在逻辑关系，对整个汉语长句进行划分，有机拆开，予以分译，译成两句或两句以上的英语复合句。这种翻译方法就是分句法。

例 5：新的征程上，我们必须高举和平、发展、合作、共赢旗帜，奉行独立自主的和平外交政策，坚持走和平发展道路，推动建设新型国际关系，推动构建人类命运共同体，推动共建“一带一路”高质量发展，以中国的新发展为世界提供新机遇。中国共产党将继续同一切爱好和平的国家和人民一道，弘扬和平、发展、公平、正义、民主、自由的全人类共同价值，坚持合作、不搞对抗，坚持开放、不搞封闭，坚持互利共赢、不搞零和博弈，反对霸权主义和强权政治，推动历史车轮向着光明的目标前进！

对比：

译文一：On the new journey, we must hold high the banner of peace, development, cooperation and win-win, pursue an independent foreign policy of peace, adhere to the path of peaceful development, promote the building of a new type of international relations, promote the building of a community with a shared future for mankind, promote the joint construction of high-quality development of the “the Belt and Road”, and provide new opportunities for the world with China’s new development. The CPC will continue to work with all peace-loving countries and people to promote the common values of peace, development, fairness, justice, democracy and freedom for all mankind, adhere to cooperation, not confrontation, adhere to openness, not closeness, adhere to mutual benefit and win-win, not zero-sum games, oppose hegemonism and Power politics, and push the wheel of history towards a bright goal!（译成 2 句，Deepl 译）

译文二：On the journey ahead, we will remain committed to promoting peace, development, cooperation, and mutual benefit, to an independent foreign policy of peace, and to the path of peaceful development. We will work to build a new type of international relations and a human community with a shared future, promote high-quality development of the Belt and Road Initiative through joint efforts, and use China’s new achievements in development to provide the world with new opportunities. The Party will continue to work with all peace-loving countries and peoples to promote the shared values of peace, development, fairness, justice, democracy, and freedom. We will continue to champion cooperation over confrontation, to open up rather than closing our doors, and to focus on mutual benefits instead of zero-sum games. We will oppose hegemony and power politics, and strive to keep the wheels of history rolling towards brighter horizons.（译成 5 句，“理解当代中国”系列《英语读写教程》译）

例 6：表面上看来，管理者会不得不对一些文化群体比对另一些文化群体在守时方面更宽容一些，但是这种做法在城市文明中是站不住脚的。因为它将使人相信“这种文化的时间取向比西方的时间取向逊色”这一学术论调。

译文：On the surface, it might seem that a manager may have to be more tolerant about punctuality with some cultural groups than others. But this is unwarranted in an urban civilization. It would give credence to the academic literature that implies “the time orientation in such a culture is inferior to that in the West”.

解析：分析此句汉语长句的内在逻辑关系，可以对此句做如下划分：

第一个分句与后两个分句之间存在着转折关系，而后两个分句之间则存在着并列关系。所以，可将该汉语句子拆译成三个英语句子。

例 7：近年来，我国政治体制改革与调整已经在进行之中，其中最为重要而且成就最为显著的就是政府职能的转变。

译文：The reform and adjustment of the political system of our country has been under way these years. The most significant and the most accomplished (reform and adjustment) is the shift of governmental functions.

解析：该汉语句的前后两个分句之间其实存在着总分关系，故译成英语时，不妨将两层意思分译成两个英语句子。必须明确的是，使用分句法翻译的汉语句并非都是长句。有些汉语句子虽然并不长，但却包含了两层甚至更多层的意思，此时也有必要把汉语句子拆开，予以分译。

例 8：不，村庄并没有消失，现在的村庄比以往任何时候都更有活力。

译文：No, the village is not dead. It is now more vital than ever before.

解析：该汉语句前后分句之间呈递进关系，也可分译。

例 9：他的花园里有一个漂亮的池塘，池塘上有一座桥，桥中央有一个亭子。

译文：There is a beautiful pond in his garden. Across the pond is a bridge with a pavilion in the middle.

解析：该汉语句的前后三句之间呈“追述关系”，用动词非谓语形式不妥，故可拆开分译为两句。

（三）变序法翻译

变序法的技巧主要是按汉英表达顺序不同而灵活采用。如前所述，汉语与英语的表达顺序不同。汉语中各分句往往是按照事件发生的时间先后或先因后果等顺序来排列的。与此反之，英语句子的排列顺序则相对要灵活得多。所以汉译英时，可按实际情况或出于某种修辞手段之目的，有意识地改变原句中部分语法结构的语序，乃至全句和各分句之间的语序，以灵活表达原句之意，达到符合英语表述习惯之目的。变序法一般有下列几种情况。

第一，时间、地点、方式等状语的变序。汉语中，对时间、地点、方式等状语通常会进行前置，英语中状语位置的确定具有随意性，状语的位置可前可后。所以进行汉译英时，常常需要使用变序法。

第二，句子语态转换时的变序。变序法还常常涉及句子语态转换问题。众所周知，被动语态在汉语中少见，因为汉语常使用主动句式来表达被动含义。较之于汉语，英语中被动语态的使用频率就高得多，因为英语中惯于使用被动句式以示客观，在科研论文中更是如此。此外，在不少情况下，汉语语法允许汉语句式为无主句。但将汉语无主句翻译成英语时需补充主语，或可将句子译成被动句。

第三节　英汉的成语翻译

一、英语成语的汉译

生动、形象、精辟是英语成语所具有的特点。有学者强调，在英语的书面表达和口头表达中，英语成语的作用愈加突出，且其质量、数量也在提高与扩大。[①]英译汉中有关成语的翻译是难题之一，做好英语成语翻译需要一定实力和思维能力。从类型上其可分为以下几种。

第一，平铺直叙的词语，非典故也无深层含义，仅为固定词语搭配。翻译此类成语较为简单，按其字面意思直译即可。如：

knit one's brows 皱眉头

laugh in one's face 当面嘲笑

第二，比喻意义明显的成语，有的是历史典故，有的是神话典故。因其具有历史性和广泛使用性，读者理解起来较简单，因此翻译此类成语可以直译其字面意义，比喻意义也易于被人理解。如：

tower of ivory 象牙塔（比喻世外桃源）

sour grapes 酸葡萄（相当于阿 Q 精神）

as wise as Solomon 像所罗门一样聪明（比喻非常富有智慧）

第三，一些英语成语与英语文化背景相关，对其他文化背景的读者而言存在理解困难，无法从字面理解到比喻层面。翻译此类英语成语时重点意译其比喻意义，降低读者理解难度。如：

draw blood 伤人感情；惹人生气

hang on sb's sleeve 依赖某人；任某人做主

make a monkey of 愚弄

to be full of beans 精神旺盛；精力充沛

有些英语成语中所运用的比喻方式在汉语成语中也比较常见，且具有相似性，在英汉翻译中就可以充分利用这一点。如：

burn the boat 破釜沉舟

a bolt from the blue 晴天霹雳

six of one and half a dozen of the other 半斤八两

after one's own heart 正中下怀

实际上，英语成语中的大部分很难对等地找到汉语中相似的成语，但却有意义相同的对等物。因此，翻译时可重点把握“意同”的对等成语。如：

① 毕秀英，张泽芬，张云霞．英汉翻译理论与实践 [M]. 成都：西南交通大学出版社，2008：157.

have an axe to grind 别有用心

to be as poor as Job 家徒四壁

neither fish nor fowl 不伦不类

no respecter of persons 一视同仁

相同的英语成语在不同的情境中可有多种不同的翻译，具体需联系上下文。如：

reap what one has sown 自作自受；自食其果；飞蛾扑火；玩火自焚；作茧自缚

be on tenterhooks 坐立不安；局促不安；心烦意乱；七上八下；六神无主

还有许多英语成语能够与汉语中的成语语义对应，翻译时更加灵活。如：

fish in the air 水中捞月

make a wild goose chase 缘木求鱼

lash the waves 以狸饵鼠

beat the air 隔靴搔痒

二、汉语成语的英译

汉语成语是经凝练后具有深层含义的语言，用简单词语阐述深刻道理，相较于白话更加生动形象、更具表现力，且更易于传播使用。汉语成语主要是四字成语，其结构相对稳定，翻译时需确保意思准确。

一些汉语成语的英译以汉语字面意思为准，读者在理解其比喻含义时能从英文中找到与之相对的英语成语。如：

竭泽而渔 to drain a pond to catch all the fish（相当于 kill the goose that lays the golden eggs）

打草惊蛇 to stir up the grass and alert the snake（相当于 wake a sleeping dog）

玩火自焚 to get burnt by the fire kindled by oneself（相当于 fry in one's own grease）

掌上明珠 a pearl in the palm（相当于 the apple in one's eye）

守口如瓶 to keep one's mouth closed like a bottle（相当于 keep a still tongue in one's head）

雪中送炭 to send charcoal in snowy weather（相当于 help a lame dog over a stile）

画蛇添足 to draw a snake and add feet to it（相当于 paint the lily）

很多汉语成语并没有完全与之相对等的英语成语，翻译时从字面意思入手也可能使读者理解其所传达的意义。如：

声东击西 to shout in the east and strike in the west

井底之蛙 to be like a frog at the bottom of a well

调虎离山 to lure the tiger from the mountain

汉语成语中的某些词是无比喻意义的，字面意义即其本身意义，翻译时应用直译法。如：

屡教不改 to fail to mend one's ways after repeated admonition

牢不可破 to be so strongly built as to be indestructible

攻其不备 to strike sb. when he is unprepared

史无前例 to be without precedent in history

按照字面意思进行直译且不改变原义，可充分表达出原文所蕴含的精神与意义。但不是所有汉语成语都可直译，读者对一些成语的比喻形象无法完全理解时，会影响其对译文的准确理解，不能把握其语义。如：

眉飞色舞 to beam with joy（直译：his eye brows are flying and his countenance is dancing）

粗枝大叶 to be crude and careless（直译：with big branches and large leaves）

无孔不入 to take advantage of every weakness（直译：to get into every hole）

扬眉吐气 to feel proud and elated（直译：to raise the eyebrows and let out a breath）

开门见山 to come straight to the point（直译：to open the door and see the mountain）

汉语成语中有许多都是根据历史、典故、寓言和古代人名、地名等而形成的。英语读者在阅读时如果遇到按照字面意思进行直译的译文，一般无法理解，而如果在直译基础上加上一些解释词，则又会显得十分啰唆。因而需直接按照其深层内涵进行翻译。如：

叶公好龙 professed love of what one really fears（叶公——中国古代传说中的人名）

罄竹难书（of crimes）too numerous to mention（竹——我国在纸发明以前写字用的竹简）

有一部分意义对等的汉语成语与英语成语，英汉互译时直接使用即可，读者阅读时可体会到生动性、亲切感。如：

小题大做 make a mountain out of a molehill

洗心革面 turn over a new leaf

七颠八倒 at sixes and sevens

大发雷霆 blow one’s top

出现多条同义对应时根据需要选择任意一条进行翻译。如：

左右为难 between the devil and the deep sea

骑虎难下 between the horns of a dilemma

左支右绌 between two fires

不上不下 at a nonplus

莫衷一是 between Scylla and Charybdis

进退两难 hold a wolf by the ears

无所适从 with one’s back to the wall

总之，对于汉语成语的翻译，尽可能采取直译法确保不影响原文形象，若直译不可行则在翻译过程中重点把握其实际意义。当英文中有与汉语成语意义相对等的词语时按照套译法进行翻译。

第四节　英汉的语篇翻译

语法分析是以句子为单位的，而在实际交流过程中，语言的基本单位为语篇。句子是语篇的主要构成单位，语篇无长短标准。语篇可以是长篇小说，也可以是一个句子甚至是一个短语或词。因而，翻译时语篇翻译十分关键。

语篇所处的语言层面比句子高，是交际中发挥独特功能作用的语言单位，也是语言结构和翻译中最大的一个单位。从形式上分为对话、独白等，从内容上分为诗作、故事等。不过要特别注意的是，语篇只要能够将一个完整的语义表达出来，就不会局限于是一大段话还是一个词语。“以语篇语言学为基础来进行语篇翻译极大地拓展了翻译的研究范围。在语篇翻译中，其基本单位是语篇，不再仅仅拘泥于语言形式。”①

一、英汉语篇翻译的主要结构

语篇结构是一种特定文化中的结构形式，具有稳定性，是在较长时间发展中自然养成的习惯。句子构成段落，段落构成语篇。语篇通过一定的手段组合句子、句群和段落，使其成为一个具有连贯意义和一致内容的整体。

篇章有不同于句子的结构和特征。它并非将独立的句子进行简单组合形成的，而是具有自身的整体语义。从语言形式的角度来说，篇章内的组成句子具有一定的连接性，从而形成连接、省略、照应和替代的关系；从语义逻辑的角度来说，篇章一般不能缺少首和尾，句子之间也都具有相关性。

（一）英语语篇的结构

英语语篇的结构较为严密、系统，通常是由多个段落共同组成的，段落与段落之间存在一定联系性，且不同段落所表达的要点不同。引言段、正文、结尾段是完整语篇所必有的成分，只有这样文章结构才够合理。

一是引言段，一般是文章开头，为读者阅读全文提供指导。引言的篇幅较小，主要简述概括文章内容，说明文章探讨的问题。引言段包括以下两个组成部分：一是概括性阐述。作用是引出主题，通过阐述主题的相关背景激发读者阅读兴趣，弄清楚文章创作动机以及初步了解其创作意图。二是主题阐述。作用与段落主题句相似，是为了点明文本所围绕的主题，一般包括论述正文的内容和作者所传达的一些观点信息。其与段落主题的不同在于阐述

① 荣子英．语篇翻译探析 [J]. 考试周刊，2014（62）：27.

内容涵盖整篇文章，重在传达更丰富的中心思想以及表明文章所使用的构思手法、创作方法。引言段的结尾部分一般就是主题阐述内容。

二是正文，即文章的主体，其一般在引言段之后，是整篇文章的核心所在。正文篇幅较大，段落数量较多，其所写的内容主要是对引言部分所提及的主题及相关问题的细化阐述。通过运用一些事实依据、细节等对主题加以扩充化的解释说明，丰富并深化主题，使其所表达的意义和情感更加深刻。正文中的主题常由多个次主题构成，每个次主题一般用一个段落进行阐述，因而有多少个段落通常取决于其有多少个次主题。在依次对次主题进行论证的过程中完成对文章中心主题的论证，全面把握正文的主题思想。正文的结构也是具有逻辑性的，如何排序、如何分层都是有一定依据的，而这个依据就是次主题的布局依据，包括细节、事实等。

三是结尾段，其在正文后，即在文章末尾处，作用是对上文所提到的主题信息、事实依据等要点进行整合总结。除了归纳主题论证观点之外，也再次呼应引言段，对主题进行强调。因结尾段是作者阐述论点的结束，所以语言运用上需有一定的启发性和思考性。

总括—细节、抽象—具体、综合—分析是英语语篇思维模式的表现特征，通常作者会先对主题观点进行申明，之后逐层阐述论点，强调理性、组织性，层次结构分明并紧密衔接，句子之间也相互串联、逻辑清晰。

（二）汉语语篇的结构

汉语与英语的语篇思维模式既有共性，也有独特性。具体来讲，汉语语篇的思维模式十分灵活多变，通常是按照文章思路给出论点，包括文章的内容、文章的论证方式等，在这些基础上明确论点，而论点一般被放在语篇中的开头、中间或结尾。

二、语篇分析在翻译中的运用

语篇分析的概念最早由美国语言学家哈里斯提及，之后在社会语言学、语用学、语篇语言学及语言哲学等领域都得到了广泛的运用。自语篇分析运用于翻译学科以来，翻译界开始重新定义了对上下文的认识，并逐步理性地来看待上下文这一概念。只有对语篇分析这一理论具有清晰的认识和了解，才能让译者从整体上把握翻译，不会一叶障目，只看见树木而看不到整片森林；同时还能帮助译者更好地把握和理解原文的词、句、段落。如此，也确保译文既符合原文语义，也符合译文的语言结构和习惯。分析语篇时需要从其衔接方法、连贯方式等方面进行重点把握。

段落和篇章并非由一堆句子或句群胡乱堆砌而成，而是通过一定的语言规律来进行过渡的。篇章是由内在逻辑和外在形式共同作用而产生的。段落和篇章作为一种语言实体，需要具有连贯性，而这离不开语内衔接的作用。任何一个篇章，都需要具有连贯性，衔接也是为了连贯性而存在的。译者为了确保译文的准确性和通顺度，应该在翻译过程中时刻关注衔接问题和连贯问题。在进行英汉翻译时，需完整、深入地理解原文，对作者采用的衔接手段和连贯目的进行把握，以及弄清楚英语和汉语之间的语言形式异同、逻辑表达特点异同等。

（一）语篇的衔接

在翻译过程中，衔接是需要重视的环节。衔接是否通顺决定着读者是否能够清楚地理解文章的信息以及是否能够接受文章的题旨。语篇的衔接指的是运用有效语言手段将段落中的各种词汇和语法通顺地串联在一起，使表述完整、语言连贯、结构合理。

语篇若想实现有序衔接，对句组、句子进行处理时就不能单单使用一种衔接手段，而是要根据句子和句子、句组和句组的实际联系选择适合的衔接手段。通常所运用到的衔接手段有以下两种。

1. 词汇手段

词汇衔接手段可将语篇有序连贯起来。对于英语词汇衔接关系进行分类，一般分为同现关系和复现关系两种。若要连贯起语篇还可借助逻辑连接语。

（1）同现关系。

同现关系是指词语同时出现在语篇中的概率性。有些词在语篇中的应用因其存在联系性而会同时出现，如“词汇套”和“词汇链”中的词语。以

thirsty 为例，由此可联想到词汇 water、drink、coffee、beer 等，一般在同一语篇中可以发现这些词与其是同时存在的，这就是同现关系。另外，反义词也有同现关系，虽然互为对应的词语表示两种极端程度，但在极值程度之间也有不同性质的词，如当看到 hot 时，除了可以联想到 cold 之外，还可以联想到 warm、cool 等。

（2）复现关系。

对于复现关系，韩礼德与哈桑认为其体现在关键词、同义词、近义词、概括词等词语的重复性运用中。复现关系的多元性能够呈现出多样化的文体风格和语言特点。

（3）逻辑连接语。

逻辑连接语是表示词、短语或分句中含有逻辑层面意义的词语，主要包括：一是句子之间、句组之间时间关系的表示；二是句子之间因果关系、推论关系的表示，常见词有 then、so、in that case、because 等；三是附加关系的表示，常见词有 for instance、by the way、and、likewise 等；四是句子之间转折与对比关系的表示，常见词有 in fact、however、on the contrary、yet 等；五是位置、方向和地点等关系的表示，常见词有 close to、in front of、under、nearby 等。

2. 语法手段

语法手段可将句子之间、句组之间有序衔接连贯起来。包括以下几种。

（1）时、体变化的动词。具有衔接句子的效果。

例 1：The boy stopped running. He saw his mother.

译文：男孩停止奔跑，他看到了他的妈妈。

例 2：The boy stopped running. He had seen his mother.

译文：男孩停止奔跑，是因他看到了他的妈妈。

从以上例句中能看到，例 1 中所使用的动词 running 和 saw 是顺时的，表现出时间前后顺序；例 2 中除了有时间关系之外，还有因果关系，动词发生时间随因果关系而发生变化。

（2）照应手段。

词语和其所指对象间的关系被称为照应。语篇中的某个词语若难以据其本身获得理解时，需找到其所指的对象进行理解推测，这时词与词之间为照应关系。照应不仅是用于说明语义关系的语法手段，还是连贯衔接语篇结构和语义的有效方法。根据具体照应关系可区分为语内照应关系和语外照应关系。语内照应关系又可以分为“上指”和“下指”，“上指”指的是在下文中出现与上文相关的词时，用另外一个词或词组进行替代；“下指”指的是下文中可能出现的词在上文中用一个词或词组进行替代。

（3）替代。

对语篇上文中所提到的某一部分进行代替，可避免上下文中出现重复现象，也能够更好地衔接上文与下文。如果说照应关系是对等关系，那么替代则是语法的同类关系。替代的成分是什么决定着其表达的具体意义，语篇的衔接不能忽视替代的意义，否则将影响语篇的整体意义。替代的形式有许多种，如名词性替代、分句性替代和动词性替代等。再从英语和汉语的差异方面来看，汉语中很少应用到替代，汉语语篇中为达到衔接和连贯的效果一般会用复现方法，即重复使用某个词；而英语中所使用的替代比较多，将下文与上文所重复的部分使用 so、do the same 等代词进行替代，以实现衔接语篇的目的。正是因此差异，翻译语篇时应把握好替代用词的表达习惯再进行翻译。

（4）省略。

省略是指将语篇中的某一成分直接从语言结构中去除。虽然不译这一成分，但其语义仍然可以在语境中确定。省略的目的与替代相似，具体是让上文与下文保持衔接，让重点信息更加突出，以及减少不必要的重复。省略作为修辞方式的一类，可视为特殊性质的替代，即零替代。这与语言使用经济原则是相符的，因而在语篇衔接中也被较多地运用。省略的形式同样包括名词性、动词性和分句性三种，在英语中运用比较多，在汉语中运用比较少。英语语篇为了避免产生歧义，对于省略一般会同时出现形态标记。

（5）连接。

运用连词将逻辑意义连接起来的手段称为连接，其中的连接词也被称为“逻辑联系语”。连词的词性并不受单一限制，除了专门的连词之外，含有连接意义的介词、副词、短语或分句等也可以当作连接词使用。语篇中的连接词所发挥的作用主要是衔接上下文，既能明确句子间的语义关系，还能预判后句的逻辑。语篇中各句子之间的语义逻辑关系能够从连接词的使用中看出来。

语篇中起到连接作用的词语通常是比较明确的，基于此能够清楚地了解句子与句子之间的语义联系，也能预见后句语义。关于英语中连接词的功能，韩礼德认为其包括转折、递进、因果和时序几种，常用的对应连接词有 but、and、so 和 then，其以简单形态达到相应的连接效果。

（二）语篇的连贯

因为语篇是一种语义单位，所以它需要具备连贯的语义。一个高质量的语篇必然具有连贯的语义。利用词汇和语法来促进文脉的连贯性是衔接的主要目标。衔接在语篇中的呈现是有形的，连贯在语篇中的呈现是无形的。在翻译过程中，需要先对句子之间的相互独立性和相互关联性进行把握，才能更好地体现原文的功能和主题。

若语篇中的句子排列缺乏逻辑性，则不利于其连贯性的体现。另外，说话的前提是什么、信息发出者和信息接收者的知识是否对等，这些因素对语篇的连贯性也会产生影响。另外，读者的联想和想象力也会影响语篇的连贯性。

在翻译时，要把握好两大因素：一是语篇衔接；二是语篇连贯。

语篇衔接是指通过对语义关系的合理把握，让语篇中各个语言成分均包含语义。语言机制的构成中衔接是非常重要的部分，各语言成分之所以能够衔接为一个整体，是依靠多种手段方法实现的，包括替代、照应、省略和连接等。语篇衔接由语法衔接和词汇衔接构成。合理利用衔接手段，可以让语篇具有更紧密的结构、更清晰的逻辑和更连贯的语义。

篇章是一个整体，也是各个不相关语句的有序排列。只有具备较好的连贯性，篇章才能成为一个整体。语篇若想达到良好的连贯性，不仅要重视其语义连接，也要重视其语用环境，因此语篇连贯性既要关注其内部的意义衔接，也要关注语篇和语境的衔接。

衔接具有客观性，所以可以从理论上进行辨别；连贯具有主观性，不同的读者会对篇章中的连贯性有不同的看法。思维逻辑性、连贯性是衔接的前提条件，只有具有连贯性，才能确保交际的成功。对于篇章来说，衔接是其外在形式的体现，有助于形成有形的语篇网络；而内在逻辑联系则主要通过连贯性来体现，它是语篇的无形网络。

第三章　英汉翻译的文化维度

语言最基本的作用是交流，但不同的语言背后是不同国家与民族生活习惯与文化的积淀。英语是语言中使用最为广泛的一种，在英汉翻译过程中，译者在深刻理解英语背后文化内涵的基础上，运用技巧与策略，让英汉翻译更加贴合语言背后读者的生活习惯与文化习俗。基于此，本章主要探讨文化及其特点分析、英汉色彩文化翻译、英汉习俗文化翻译、跨文化的英汉翻译。

第一节　文化及其特点分析

文化的发展与丰富和人类历史进程是同步的。中国古籍中关于“文化”的定义分为两个部分，其中“文”指的是文字、文章与文采。人对客观事物所获得的直观视觉印象的描述被称为“文”。随着时代的发展、人们行为活动和认识的丰富，“文”也指法律条文、礼乐制度等。“化”指的是教化，如“我无为，而民自化”(《道德经》)，意为不人为干涉人们的活动，坚持以民为本，人民自然会得到教化。

现阶段，在丰富历史发展的前提下以及新时代背景下，文化的定义更加复杂，其能够从多个视角进行解读，如社会学、哲学、心理学等。从文化学角度和人类学角度来看，异于其他动物的人类的活动被称为文化。由于文化的构成要素较多且复杂，其也被赋予更加丰富的内涵，文化研究者也给出了多种不同的定义。

西方学者在文化研究方面的视角也呈现多样性，如人类学、心理学和社会学，而且还表现出动态性的特征。美国著名的文化学家克罗伯（Kroeber）和克拉克洪（Kluckhohn），在所发表的《文化：关于概念和定义的批评考察》（*Culture, A Critical Review of Concepts and Definitions*）一文中探讨了文化的定义，涵盖范围从1871年到1951年，所讨论的定义达160多种，针对不同的定义作出了不同的评价和分析。他们通过对诸多定义的评析，结合自身的认知，从更加全面的角度对文化下了定义，主要包括五个方面：一是认为外显和内隐是构成文化的两种行为模式；二是认为获取和传递行为模式以象征符号为前提；三是认为文化是人类成就的体现，人造器物中蕴含着文化；四是认为传统观念与其价值是文化构成的核心部分；五是认为文化体系既是活动产物，也决定活动。现代社会中学术界对以上定义有着较为统一的认同，且此定义具有综合性与影响性。

一、文化的界定

无论是文化相关研究还是语言相关研究都必须面对文化的概念这一命题。文化是常常被人提及的一个词，而人们对其的定义和认识却有着诸多差异，没有较为一致的定论。

各领域学者对文化的研究不仅十分丰富，而且至今仍未停止，并保持持续增多的趋势。之所以还有新定义的出现，关键在于当代人们研究的深入性以及研究面的广泛性。结合实际可以看到，文化现象是无处不在的。因而人们可以从各种不同的视角进行探究，所研究的对象较为宽泛，如此若想把握好文化的定义就需要限定特定层面。特定层面主要包括两种，一种是狭义层面，另一种是广义层面。在实际分析中需重视语义，明确其特征，在文化狭义定义的理解基础上进行广义定义的理解。

（一）文化的狭义定义

“文化”在汉语中是分为两个部分进行解读的，即“文”与“化”。其中，“文”属于象形字，《说文》中提道：“文，错画也。象交文。”认为“文”是各种视觉感知下所形成的形象，如相互交错的花纹一样。这种形象感知与自然事物紧密相关，表现出自然性。从其他文献资料中也可以了解到类似的认识，如《周易 · 系辞下》中的“物相陈，故曰文。”而“化”的本义从变化逐渐引申到教化，《庄子 · 逍遥游》中就以变化为“化”的含义：“化而为鸟，其名为鲲。”教化之义则体现在《论衡 · 佚文》中的“无益于国，无补于化”。还有诸多文献资料中将其表达为教化之义。从上述讨论可知，“文化”的定义在古代多为狭义。

罗森塔尔和尤金是苏联著名的哲学家，在他们合编的《简明哲学辞典》一书中也提及了文化的狭义定义，认为在历史发展中，基于物质资料生产方式的各种精神生活形式就是文化。

《辞海》（1979 年版）对尤金所提到的狭义的文化定义比较认可，我国其他文献资料中对文化也有较为直接的定义。如《现代汉语词典》（2015 年版）将文化定义为：“人类在社会历史发展过程中所创造的物质财富和精神财富的总和，特指精神财富，如文学、艺术、教育、科学等。”

综上，可了解到以精神思想层面为主的事物均是狭义“文化”所涵盖的范围，如情感、道德等。从精神思想的特征来看，其是无形的，只有附着于载体才能体现出来，如以语言、音乐等作为媒介进行呈现。由此可见，语言其实是较为特殊的文化。

（二）文化的广义定义

从词源上分析文化的词义，不同语言体系对其词义理解有所差异，在英语中表达为 culture，德语中表达为 kultur，而这些表达的词源均是拉丁语中的 cultura。结合历史背景分析得知，拉丁语词的含义具体指耕作，而耕作的目的一是敬神，一是谋生，前者代表精神层面，后者代表物质层面。

现代诸多学术领域中对于“文化”的应用是十分广泛的，且相关研究与西方思潮有着紧密联系，如人类学理论和西方人类学理论、文化研究与西方文化理念等。人类学领域的研究基础一直都是文化。

另外，还可以从其他三个方面对文化的意义进行理解。第一，文化人类学家和文化历史学家认为文化是人们生活中社会继承物质元素和精神元素的总和。第二，在某一阶层和传统认知中，认为文化是吸收部分知识与经验前提下所形成的传统个人修养的理想，其构成关键是典型反应。第三，与以上所提到的社会继承元素概念相似，认为文化是群体所表现出的精神元素的总和。

二、文化的分类

文化如何分类也是讨论度非常高的一个问题，两分法和三分法是比较常见的分类方法，具体划分上差异比较明显。

（一）两分法

两分法主要包括如下几类：一是按照狭义和广义进行分类；二是按照物质和精神进行分类；三是按照社会和精神进行分类。

（二）三分法

三分法包括以下几类：一是按照精神、物质与制度进行分类；二是按照精神、物质与艺术进行分类；三是按照价值、认识与审美进行分类。

三、文化的特点

（一）以人为核心

人是文化的核心，文化是人类所创造的。所以只有人类才具有文化。人类活动中所展现的智慧、创造力是形成文化的前提。文化是人类所创造并加以运用的，同时人类也受到文化的约束，并促进文化的不断发展。若没有人的主动创造和改进，文化的活力也将大打折扣。所以我们在进行文化讨论时，必然要考虑语言背后的使用者，如说者和听者等。

（二）共享性特点

文化是群体属性，并非个体属性，文化的传播以社会为依托，因此具有共享性。在《人类学——人类多样性的探索》中，康拉德·菲利普·科塔克专门对“文化”属性进行了讨论，其观点非常简单明确，即同一文化背景下的人群能够在相互分享价值观、信仰、期望中联系到一起，而这些共同经验又可以通过濡化影响所有人。

父母对孩子有濡化作用，而每一对父母在成为父母之前也同样是子女，其接受父母的濡化后继而又对自己的子女进行濡化，一代接一代的成为濡化的实施者和接受者。濡化过程中的价值观、思想、信仰和教育实践通常是固定的，而文化则是流动的。在濡化过程中，文化被不断地传递、共享，因而也表现出较强的影响力。

（三）象征性特点

象征是习得文化的关键，也是开展其他方面学习的关键。具体是指于特定语言中或文化中，使用口头、非口头等方式对另一事物进行表示与指代。被指代对象和象征事物之间不存在明显的联系性。符号是象征的基础，语言作为一种符号是文化的基础，以语言词汇对象征对象进行指代。如果不运用语言词汇，则无法清晰表达出具体事件及相关过程、情感等。

除了用语言做符号之外，也有其他符号体系，如一提到“五星红旗”就能够立刻联想到“中华人民共和国”；一看到交通信号灯就能立刻想到“红灯停，绿灯行”的交通通行规则等。人类生活中常常应用象征的方式开展思考，对周围环境的适应和协调则以语言工具和其他形式的文化为支撑。象征在人类活动中非常重要。有学者认为文化也属于象征体系，如美国人类学家格尔茨。

第二节　英汉色彩文化翻译

对事物色彩进行客观且固定描述的符号是颜色词汇。由于中西文化背景不同，英汉颜色词汇的文化内涵也不尽相同。[①] 在翻译英汉颜色词汇的过程中，译者可以应用的翻译方法有许多种，下面对颜色词汇的翻译方法进行逐

① 李雯，吴丹，付瑶．跨文化视阈中的英汉翻译研究 [M]. 长沙：湖南师范大学出版社，2018：136.

一探讨。

一、直译法

如果需翻译的英语的颜色词汇所表达的含义是直观的，那么就可以按照直译法进行翻译。如：

green tea 绿茶

white flag 白旗

red rose 红玫瑰

yellow fever 黄热病

black list 黑名单

green consumerism 绿色消费

Red Cross 红十字会

blood red 血红

as red as a rose 红如玫瑰

二、转译法

英语和汉语中对于色彩的感知印象有着很大的差异，这是文化差异所决定的。对于这些颜色词汇的翻译需从其基本含义入手，要结合源语和目的语的文化背景，在把握其内涵差异的基础上按照转译法翻译。简而言之，就是目的语的颜色词汇表达习惯是什么，翻译时就按此进行处理。如：

black tea 红茶

观察茶叶的本体，其给人产生的直观色彩印象是黑色，而将其冲泡后茶水所呈现的颜色是红色，西方人以本体直观印象定义颜色，即 black tea，而汉语中以泡出的颜色定义颜色，即“红茶”。

类似的例子还有很多。例如：

brown sugar 红糖

brown bread 黑面包

red sky 彩霞

black bamboo 紫竹

one’s face turns green 脸色变白

三、增词法

对含有隐喻、象征意义的颜色词汇进行翻译时，若找不到与之对应的目的语，为保证意义和思想的精准传达，译者可以选择增词法的方式，如：

开门红 make a good start

红运 good luck

white coffee 加奶咖啡

red tape 繁文缛节

四、省译法

表示颜色的词汇运用到部分固定搭配语境中时，其所表达的含义就会发生变化，一般不会再继续表示色彩，对此进行翻译时就需要将颜色的意义省去，运用省译法。如：

green power 有钱能使鬼推磨

green as grass（as）初出茅庐的、容易受骗的

红娘 go between

满堂红 all round victory/success in every field

五、解释性译法

部分表示颜色的词汇还蕴含着文化意义，为确保翻译后读者可以清楚了解相应的文化背景，译者可使用解释性译法。如：

Black Tuesday 黑色星期二［1987 年 10 月 19 日（星期二）华尔街股市崩溃］

综上，对表颜色的词汇进行英汉翻译时，译者要充分考虑文化的共性和

个性，既要准确理解原文意思也要明确其文化内涵，要把握原文中色彩词汇的基本意义及其相应文化的延伸意义，依具体情况，运用适当的翻译方式获得高水平的译文。

第三节 英汉习俗文化翻译

一、英汉习语文化翻译

习语的概念是非常广泛的，常见的成语、格言、歇后语以及固定搭配等都属于习语的定义范围。语言外壳、本义和表达方式是构成习语的三个基本要素，比喻意义也被包含在部分习语中。从形义上来看，英语与汉语中相同的习语虽然比较少，但依然是存在的。这类习语的相同性表现在理解和意义层面上，即在英语和汉语的不同文化背景下，人们对自然现象与社会的认识是相同的，所表达的意义也是相同的，并且还具有逻辑上的共性。

习语是一个民族在发展中对于语言的使用积累了一定经验后，所形成的统一的、固定的表达法。其来源广泛，包括历史事件、文学、政治、经济、外交、体育以及日常生活等。一些习语是客观真理的归纳，另一些习语在长期使用过程中意义发生了变化。因此，习语的翻译应视具体情况而定，不仅要准确达意，还要指明其来龙去脉。英汉习语文化常见的翻译策略与方法如下。

（一）英汉习语的常见译法

第一，直译。有些习语反映的是世间的普遍真理或事实，无须加注，直译就能明白其含意。例如，a rolling stone gathers no moss 译为“滚石不生苔”，to laugh off one’s head 译为“笑掉脑袋”，to look for a needle in a haystack 译为“草堆觅针”，等等。意思显豁，无须调整原习语中的形象，如 head 和 needle。

第二，直译 + 注释。对于有些意在字表的习语，可直译，然后加注介绍其文化背景信息。如“闻鸡起舞”可译为 rise up upon the crow of a rooster and practice the sword，然后用注释介绍有关祖逖的故事。

第三，直译 + 释义 + 注释。有些习语的字面意思虽然不在字表，但语言较有特色。这类习语的翻译，可先译其字面意思，然后对其进行解释，最后用注释说明与翻译文化有关的背景信息。例如 skeleton in the cupboard 可译为“橱柜的骷髅——见不得人的丑事”，然后加注说明相关背景。

第四，意译 + 注释。很多习语并非表达字面意思，而是具有某种喻义。遇此情况，可先交代其深层含义，然后加注。如 fig leaf 译为“遮羞布” down and out 译为“穷困潦倒”，wear Joseph’s coat 译为“坐怀不乱”，然后用注释介绍有关文化背景信息。

第五，增词。在习语翻译中，增词法的作用是补充习语中省略的部分，并对其暗含的意义加以说明，翻译过程中运用这一方法可以让译文更充分满足目的语的语言表达习惯。如 flesh and blood 可译为“血肉之躯”，其中的“之躯”是增词，目的是点明该习语暗指人的躯体；in deep waters 可译为汉语习语“水深火热”，其中增加“火热”以合乎汉语表达习惯，同时也强化了原文“遭遇艰难”的含义；“笔剑唇枪”可译为“The pen is as sharp as the sword and the tongue as the spear.”，其中 as sharp as 为增词，以便将原文隐藏的“锋利”之意再现出来。

第六，省略。有些汉语习语由意义相同的两部分组成。遇此情形，可保留其中一部分，省略另一部分。例如“取之不尽，用之不竭”，可省略“取之不尽”，保留“用之不竭”，译为 inexhaustible ;“油嘴滑舌”中的“油嘴”可省略，保留“滑舌”，译为 glib tongue 或 smooth-tongued。

第七，套译。这一译法指的是按照源语习语找到目的语中与之结构相同、意义相同的习语，再进行套用。例如“说曹操，曹操到”与“Talk of the devil, and he will appear.”意思相同。若要翻译“说曹操，曹操到”，只需将英语习语中的 the devil，替换为 Cao Cao，从而获得如下译文：“Talk of Cao Cao and he will appear.”。又如“树倒猢狲散”可套用“Rats desert a sinking ship.”，译为“Monkeys desert a falling tree.”。套译法能够引发读者对译文的联想，从目的语习语联想到源语习语，从而准确地理解源语习语。

第八，还原。汉语中有些习语来自英语。汉译英时，若碰到这类习语，译者的任务是找到对应的英语习语，而不是自作主张地自行翻译。例如“谁笑到最后，谁笑得最好”来自英语习语“He who laughs last laughs best.”，就成了“Who laughs last, who laughs best.”，此译文与原来的英语习语有差异。又如王牌，英文对应习语是 trump card，若照字面意思回译，就成了 king card 或 queen card。

第九，替换。英语和汉语中部分习语的意思可能是相同的，而其语言形式有相同也有差异，此时习语翻译可使用同义习语进行相互替换。例如：

事实胜于雄辩 facts speak louder than words

多吃饭少开口 to save your breath to cool your porridge

谋事在人，成事在天。Man proposes, God disposes.

煽风点火 to fan the flames

火上浇油 to add fuel to the flames

又要马儿跑得好，又要马儿不吃草。You can't eat your cake and have it.

打草惊蛇 to wake a sleeping dog

竭泽而渔 to kill the goose that lays the golden egg

胸有成竹 to have a card up one's sleeves

水底捞月 to fish in the air

脱胎换骨 to turn over a new leaf

无风不起浪 there's no smoke without fire

一个巴掌拍不响 it takes two to make a quarrel

打开天窗说亮话 to put all cards on the table

第十，直译＋意译。翻译习语时一些用直译法，一些用意译法。如“事后诸葛亮”译为“be wise after the event”，将“事后”直译为 after the event，诸葛亮意译为 be wise，用才智指代诸葛亮。又如“不到黄河心不死”可译为“Ambition never dies until all is over.”，将“心不死”直译为 ambition never dies，将“不到黄河”意译为 until all is over，表示事物的终止，黄河具有隐含意义，不采用直译方式。

（二）英汉习语的典型译法

分译与合译存在于从词到段的各语言层级。分译指将两个或两个以上的词、词组、句子、段落切分成两个或多个部分。分译还包括拆离，即切分后使某个翻译对象离开原来的位置，根据行文需要放到最合适的另一个位置。合译正好相反，指将词、词组、句子、段落合并。翻译中的分合多发生在句子边界之内，词句分译与合译最为常见。

从词语层面看，字义或词义拆分较多，特别是中文词语的分译。一个词中的词素表示不同意思，此时可分别翻译词素的意思。例如汉语的“懊恼”表示“懊悔”和“恼火”，故可分译成 regretful and annoyed。又如“科技”可译为 science and technology，“迟早”可译为 sooner or later，“田径”可译为 track and field，等等。

从词组层面看，英语和汉语中均有不少同义词并列的套话，如经贸、法律等，遇此情形可采用合译法。例如 generator or dynamo 可译为“发电机”，initiative and inventiveness 可译为“创造力”，regulations, rules and laws 可译为“规律”，terms and conditions 可译为“条款”，null and void 可译为“无效”，rights and interests 可译为“权益”，sign and issue 可译为“签发”，pardon or forgive 可译为“赦免”，等等。词组的分译是将其构成部分分别译出，顺序可以颠倒，也可以拆散，放到句子合适的地方。如《名利场》中的词组 cold respect 被杨必译成“不冷不热，不错规矩”，只是分别译出，未改变词序。

不相邻的词语或词组的合译也较常见。如“在山的深处有一座古老的寺庙，几位虔诚的和尚在那里过着单调的生活”可译为“There was deep in a mountain an ancient temple where several pious Buddhist monks lived a monotonous life.”。其中，pious 是“修行”的意译，故“和尚”和“修行”放在一起译为 pious Buddhist monks，可视为合译法。

从分句和句子层面看，由于英语多长句，汉语多中短句，故英译汉时分译法用得较多，汉译英时合译法用得较多。

对英语单句进行翻译可以使用主谓切分方法，如“The growing crisis in energy calls for a crash program of just this magnitude.”可译为“由于能源危机日益严重，因此需要采取相应的应急计划”。也可采用动宾切分法，如“but his armies had outrun their supplies”可译为“但是他的军队进展太快，给养供应不上”。分译英语单个句子也可以将某个词或部分从句子中抽离出来，单独翻译，形成并列结构。例如“They relentlessly tear at the flowers they see.”可译为“他们见花就摘，毫不爱惜”，其中relentlessly可被译成并列谓语“毫不爱惜”。

英语长句翻译可根据意群切分成不同分句。例如“His period in office was marked by a steep rise in Iran's oil revenues and the beginning of a social-political crisis brought on by wide-scale misuse of the $22 billion a year earnings from oil.”可译为“他执政期间，有两个特点：第一个是石油促使伊朗的经济收入急速上升；第二个是每年所产生的约220亿美元的石油收益滥用导致了社会政治危机发生”。原文被切分成四个部分，长句化短，合乎汉语表达习惯。长句不仅可分译为分句，也可切分成独立的句子。

分句合译在汉译英中比较常见。例如“从前，一个人识字不多，坐船外出做生意”可译为“Once upon a time, a man who could not read much went out to do business by boat.”。合译法也可用于英译汉，如英语读语“Where there is a will, there is a way.”可译为“有志者事竟成”。相邻句子的合译并不多见，主要见于短句的合并，如“He was very clean. His mind was open.”可译为“他为人单纯坦率”。

二、英汉方言文化翻译

一般而言，各地方因其历史文化、风俗习惯有着不同的方言，语音、句法和词汇等方面各不相同，如我国的粤方言、湘方言、川方言等。方言与通用语相对，如我国通用语为普通话。从类型看，方言也包括许多种，一些是按地域划分的，一些是按时域划分的，还有一些是随社会发展形成的。方言表明了语言使用者的社会地位和背景。无论是哪个地域或时域的人类，在其自然语言的发展和形成过程中，方言都是一种必然的存在。

以英语为例，英国英语中有所谓的伦敦土话（Cockney），美国英语中有所谓的黑人英语（Ebonics）。著名诗人罗伯特·彭斯的爱情诗篇《一朵红红的玫瑰》（*A Red, Red Rose*）中运用了不少苏格兰方言，如luve（等于love，意为“爱人”，如“O, my luve's like a red, red rose.”）、bonnie（等于attractive，意为“活泼可爱的”，如“As fair art thou, my bonnie lass.”）等。方言常常有着通用语无法达到的生动性、活泼性、巧妙性和谐趣幽默，同时也给翻译带来困难。

对于方言翻译，用方言译方言是一种可行之法。但一个国家或民族的方言很多，用哪种方言翻译原文中的方言是一个问题。方言翻译是一个比较复杂的问题，需结合实际情况开展分析。要根据分析结果判断翻译方法的选择和运用，而不是随意选用目的语的某一方言翻译原文方言。

评价方言翻译，有以下标准：译本语篇的衔接与连贯、作者意图、目的语语境的可接受性、译本的信息性亦即译本满足读者期待的程度、译本与其所处文本语境的相关性等。

从语音、音位、句法等关键特征分析英语文本，可以归纳出文学翻译中应对方言的十种策略：①对源语中的方言词语进行中性化处理（neutralization），即转换为目的语中的通用语；②增添与源语类似的乡村化和口语化的方言词汇；③保留部分源语中的方言措辞（partial translation）；④部分意译与音译结合；⑤强化源语文本中社会方言使用者的语言失误（speech defects）；⑥省略源语中方言特征明显的措辞，但要尽量保留源语中的方言称谓语；⑦用目的语中的洋泾浜语（pidgin）替代源语中的方言词语；⑧用假想的目的语语言变体（hypothetical TL variety）替代源语中的方言词语；⑨用目的语中的口语化措辞替代源语中的方言措辞；⑩用目的语中的乡村方言替代源语中的方言词语。

通过程式化推演，能明确将翻译方言的途径分为两大类，一是直接转换，二是间接转换。在此基础上还可以细分，直接转换包括：①直接将方言形式源语转换为方言形式目的语，②直接将方言形式源语转换为标准语形式目的语；③直接将标准语形式源语转换为方言形式目的语。间接转换包括：①先将方言形式源语转换为标准语形式，再从标准语形式源语转换到标准语形式目的语，最后转换为方言形式目的语；②先将方言形式源语转换为标准语形式，再转换到标准语形式目的语；③先将方言形式源语转换为标准语形式，再转换为方言形式目的语；④先将标准语形式源语转换为标准语形式目的语，再转换为方言形式目的语。间接转换的步骤相对较为复杂。

方言翻译转换机制实质上就是方言翻译的策略，与源语方言的翻译、源语标准语的方言转换等问题相关，还涉及方言翻译过程中多步骤的转换环节，这有利于方言的精准翻译。标准语和方言的转换翻译也是一个主观性较强的问题，需根据实际语境审视翻译策略的适切性。

（一）英汉方言的常用译法

1. 以方言译方言

在方言翻译中，将方言转换为方言的优势和劣势同时存在。优势是能够确保语言风格的一致，劣势是译语方言可能会给译语读者造成误解。因为译语方言很明显地与对应的方言区联系，从而使译语读者产生这样的错觉：以为原作中的人和事发生在某个译语方言的方言区。一个折中方法是使用已成为通用语的方言或者是已超越某一方言区而在译语文化的大部分地区流行的方言。

例如，著名语言学家吕叔湘用“乖乖龙底东”译 great jumping grasshoppers 是以方言译方言的成功实例，因为“乖乖龙底东”（又写作“乖乖隆地咚”等）作为江淮、苏北一带表示“了不起”的方言，早已超越了其所在方言区的界限，在国内很多地方使用。中国读者易于接受，不会将原作与江淮或苏北联系在一起。也有翻译研究者认为，可采用译语文化中与源语文化特色相同或相似地区的方言。这种以方言译方言的方法虽然可实现方言风格和文化特色上的对应，但同样难以避免译语读者的误解。

2. 以标准语译方言

在方言翻译中，以标准语译方言是一种比较常见也比较易于运用的方法。其缺点是丢失了原文的风格色彩，优点是译文意思清楚明了，能为译语读者所普遍接受。

3. 方言混用

方言混用指运用其他方言区的方言来翻译原文中的某一种方言。这一译法的长处是让译文维持原文中所体现的方言色彩，也不会使其将原作与译入语的某一方言区联系在一起。

在方言翻译中，一部分方言词语可用方言翻译，而另一部分则可用标准语翻译，此种译法仍然保留了原作的方言色彩。例如翻译家张谷若在翻译《德伯家的苔丝》中的一个句子时，句中有三个方言词 mommet、thik 以及 er，他用“后晌儿”“捏个”分别翻译 mommet 和 thik，用“他”翻译 er，原文方言味道犹在。

4. 使用文言文

在文学翻译中，有时会碰到比较典雅古旧的语言，这是作者为获得某种创作效果而故意运用的语言表达方式。如《威尼斯商人》中莎士比亚使用了一段比较古雅的文字来描绘原作中培拉里奥的博学多才。原文如下：

Your grace shall understand that at the receipt of your letter I am very sick; but in the instant that your messenger came, in loving visitation was with me a young doctor of Rome; his name is Balthasar. I acquainted him with the cause in controversy between the Jew and Antonio the merchant: we turned o'er many books together: he is furnished with my opinion; which, bettered with his own learning-the greatness whereof I cannot enough commend-comes with him, at my importunity, to fill up Your Grace's request in my stead. I beseech you, let his lack of years be no impediment to let him lack a reverend estimation, for I never knew so young a body with so old a head. I leave him to your gracious acceptance, whose trial shall better publish his commendation。

译文：尊翰到时，鄙人抱疾方剧；适有一青年博士鲍尔萨泽君自罗马来此，致其慰问，因与详讨犹太人与安东尼奥一案，徧稽群籍，折中是非，遂恳其为鄙人庖代，以应殿下之召。凡鄙人对此案所具意见，此君已深悉无遗；其学问才识，虽穷极赞辞，亦不足道其万一，务希勿以其年少而忽之，盖如此少年老成之士，实鄙人生平所仅见也。倘蒙延纳，必能不辱使命。敬祈钧裁。

在白话译文中突然出现一段文言文，译者的目的是想凸显剧中人物的知识和教育背景，不过在阅读效果上却使译语读者有好似穿越时空隧道回到古代的感觉。这种如汉语文言文的古朴语言可视为“时域方言”。

5. 省略

方言翻译难度过大时，在不改变原文核心语义的前提下可省译。

6. 注释

方言在发音、拼写、语法、意义上均有自己的特色，这也是翻译的难点。故译者在运用各种译法再现方言的意义时，也可运用注释来解释和说明有关疑难。

（二）英汉方言的典型译法

音译的发展历史相对久远，我国音译以翻译汉唐时期的佛经为初始，唐玄奘“五种不翻”中的“不翻”指的就是音译。在21世纪的今天，音译在跨文化交流中应用较广泛。对于中国的报道，他国媒体通常会按照音译方式直接对一些带有明显文化特色的汉语词汇进行翻译，如将“土豪”翻译为tuhao，将“户口”翻译为hukou等。由于西方文字（印欧语系）的书写与发音存在一定的对应关系，同时它们之间在书写、发音上也存在对应关系，故按照有关对应规则，由一种文字转写为另一种文字，发音存在某种程度的相似性。因此，音译又称“转写”。英语和汉语是不能进行音译转写的，这是因其语系不同。就英译汉而言，音译指用汉字大致呈现英语单词的发音特点，一般一个音节对应一个汉字，词首、词中、词尾辅音有时需要单独译为汉字。例如美国社会活动家Agnes Smedley的对应中文名是“艾格尼丝·史沫特莱”，其中Agnes有两个音节/æ/和/nə/，分别音译为“艾”和“尼”，词中辅音/g/和词尾辅音/s/单独译为“格”和“丝”；Smedley也有两个音节/me/和/li/，分别对应“沫”和“莱”，词首辅音/s/和词中辅音/d/单独译为“史”和“特”。从汉译英来看，音译指用罗马字母呈现汉字发音，此类音译又称“汉语拼音法”，如“诸葛亮”译为Zhuge Liang，“上海”译为Shanghai，等等。

语际翻译中是否要运用音译法，取决于源语和目的语是否存在部分语义不对等关系的情况，是否不适合从形式或语义入手进行语际转换。音译法的运用需把握好四点原则：一是专用类名词，如人名、地名等，在目的语中很难找到与之相对等的词语，而且也较难阐述清楚其意义，对此类词语可运用音译法。二是个人主观的思想观念与情感不能带入音译过程中。三是音译的意义据其原义而定，通常情况下是不能含有意义的。必要时，意义需与原义完全对等，不能增减。四是音译必须确保规范，使用统一的译音表，选择合适的译音字。按照音译的范围，可划分为完全和部分两种类型。完全音译指原词的整个发音特点被保持下来，如Siemens译为“西门子”，disco译为“迪斯科”，Safeguard译为“舒肤佳”。部分音译指的是在同一原文中选择部分内容进行音译，其他部分则用不同方法进行翻译或者不翻译，如 Internet 译为“因特网”，“因特”是音译，“网”是直译；Kentucky Fried Chicken 译为“肯德基”，“肯德基”是音译，原词中的 Fried Chicken 省略未译。

还有两种音译类型亦需注意：一种是“音译 + 范畴词”，指先用目的语将源语整个发音特点再现出来，然后用一个范畴词指出该词所指事物所属的范畴或类型，如 sardine 译为“沙丁鱼”，golf 译为“高尔夫球”，ballet 译为“芭蕾舞”。其中的“沙丁”“高尔夫”“芭蕾”是音译，“鱼”“球”“舞”是范畴词，用以表明这些事物所属的类型。这种音译方法在英译汉中较为常见。另一种是“音译 + 注释”，指专名、术语、文化词语作为音译词第一次出现时常常需要用注释加以说明，如汉语文化中的特色食品“粽子”在第一次以音译词 zong zi 形式出现时，需要加注以向英语读者进行介绍：A type of traditional Chinese food which is pyramid-shaped, made of glutinous rice, wrapped in bamboo or reed leaves and eaten during the Dragon Boat Festival in memory of Qu Yuan, a patriot of the ancient Chu Kingdom.

运用音译需注意以下方面：

第一，遵守约定俗成。遵守约定俗成有四层含义：①以前音译的英美人名、地名等即使不准确或错误，但若已为大众广泛接受，也需保持该音译词，不能再按照原词标准发音另创新词，如希腊首都 Athens，发音为 /ˈæθənz/，不能按此发音译为“艾申斯”，需接受约定俗成的译名“雅典”。同理，Seattle（/sɪˈætl/）不能译为“西阿特尔”，应为“西雅图”，Geneva（/dʒɪˈniːvə/）不是“吉尼瓦”而是“日内瓦”，Caesar（/siːzə/）不是“西泽”而是“恺撒”，等等。这就是玄奘所说的“顺古，故不翻”。②与中国关系密切的外国人名不能采用音译，如 Jean Adam Schall von Bell 的中文名是“汤若望”，Jean Francois Gerbillon 的中文名是“张诚”，Ferdinand Verbiest 的中文名是“南怀仁”，W. A. P. Martin 的中文名是“丁韪良”，等等。③非英语国家的外国人名、地名不能根据其汉译名进行音译，要用约定俗成的英文名，如日本作家村上春树的英文名为 Haruki Murakami，日本影星山口百惠的英文名是 Momoe Yamaguchi，等等。④港台名人、海外华人的中文名不能用音译，要用他们本人的英文名。⑤约定俗成的音译名修正只有官方或权威媒体才能实施，如英国天文台

Greenwich 以前译作“格林威治”，现在中央电视台在播报天气时改为“格林尼治”。

第二，名从主人。名从主人有两层含义：①按照原词的标准发音进行音译，如表示文化基因的术语 meme，国内一般译为“模因”，按照中国地名委员会颁布的译音表，应是“米姆”；②遇到音译词时应还原为原名，不能再使用音译，如 Mencius 不能译为“孟修斯”，应还原为“孟子”。

第三，标准汉音。音译时应采用目的语字词的标准发音模仿原词的发音特点，不能采用译者的方言发音。翻译史上不少音译词是由方言发音进行翻译的，如英文 cement（水泥）经由上海话音译成汉语“水门汀”，汉语的“点心”经由粤语音译成英语 dim sum，等等。

第四，使用常见汉字，尽量避免使用生偏字，如用“东”，不用“岽”。

第五，避免滥用音译。滥用音译表现在可用直译或意译的地方却用音译，如一些普通词语的翻译：在武汉，shopping mall 被译成“销品茂”而非“购物中心”；有人将 sentimental（多愁善感）译为“酸的馒头”，将 waitress（女侍者）译为“喂吃士”，将 myth（神话）译为“迷思”，等等。汉语中音译的泛滥从下面一段话可见一斑：出门坐“巴士”（bus）或“的士”（taxi），吃“冰激凌”（ice cream），娱乐时看“镭射”电影（laser films），或者搞“派对”（party），见面时说“猫腻”（morning），分手时说“拜拜”（bye-bye），穿“T 恤”（T-shirt），装“酷”（cool）。

第六，注意音译中的文雅问题。有些词语的音译不太文雅，如将人名 Bumble（巴姆博）音译为“笨伯”、Smallwood（斯莫尔伍德）音译为“三毛五”，将非洲国家 Mozambique（莫桑比克）译成“莫三鼻给”，Coca-Cola 这一国际著名饮品的商标以前还被翻译为“蝌蝌啃蜡”。不过，在众多音译名中也有一些“雅译”，如 Firenze 译为“冷翡翠”、Fontainebleau 译为“枫丹白露”、Shangri-La 译为“香格里拉”、Coca-Cola 译为“可口可乐”，等等。“可口可乐”一直都是广告界认可的品牌之一，其中还有一段故事。1886 年，在美国佐治亚州亚特兰大市，彭伯顿（J. S. Pemberton ）发明了一种饮料，其合伙人罗宾逊（Frank M. Robinson）基于饮料中的古柯（coca）和可拉（kola）成分获得灵感，将 Kola 的 K 改 C，然后在两个词中间加上一横，便创造出著名商标名Coca-Cola。“蝌蚪啃蜡”是1927年上海引入可口可乐后音译的名称，因其名字比较古怪且与中药味道类似而未能获得消费者的认可，因而其初始销售情况并不好。到1928年，可口可乐以奖金悬赏的方式在社会大众中进行译名的征集，悬赏金额高达350英镑。1936年，旅英华侨蒋彝翻译的“可口可乐”最终胜出。蒋彝是中西文化交流的使者，美国哥伦比亚大学终身教授，具有极高的国学修养，其著述融诗、书、画、文、史于一体，在西方有较大影响。因此，蒋彝能译出像“可口可乐”这样经典的译文也在情理之中。有人评价说，该译文用普通话读起来与Coca-Cola发音相近，便于记忆和传诵，见名知义，音色与意义俱佳，而如今“可乐”已经不仅仅是其单一商标的标志词，还为其他饮料所模仿，许多其他饮料也以此为代名词。

第七，译名统一问题。虽然国内有关权威部门颁布了译音表，但一名二译或多译现象仍然存在，如chocolate既可以翻译成“巧克力”，也可以翻译为“朱古力”，Olympus的译名有“奥林匹斯”“奥林巴斯”“奥林波斯”等译名。当然，译名不统一可能是历史产物，如“巧克力”为大陆译名，“朱古力”为香港特别行政区译名。译名统一任重道远，需要政府、学界共同努力。

从文化交流角度看，音译是各语言词汇相互借鉴发展的一种重要手段。汉语中的一些词汇其实是从外国词汇音译而来的，被称为外来词，如“俱乐部”（club）、“吉他”（guitar）、“休克”（shock）、“桑拿”（sauna）、“沙龙”（salon）、“沙发”（sofa），等等。通过音译由汉语进入英语的词汇有sampan（舢板）、typhoon（台风）、kowtow（磕头）、chop-suey（杂碎）、tea（茶）、toufu（豆腐），等等。音译在引进国外文化或先进事物方面发挥了很大作用。例如在五四运动前后，西方大量新鲜事物进入中国，如“赛恩斯”（science）、“德谟克拉西”（democracy）、“菲林”（film）、“德律风”（telephone）、“淡巴菰”（tobacco）、“马达”（motor）、“维他命”（vitamin），等等。现在，这些音译词多为意译词所取代，如“赛恩斯”变为“科学”，“菲林”变为“电影”等。音译法虽然易用，且译文简洁，但一般意思不明，所以随着时间的流逝可能为意译所取代。音译词很大程度上影响着目的语，这一点是不能忽略的。上文已谈及在汉语中已产生不少模仿“可口可乐”以“可乐”命名的商标名称，“酒吧”（bar）则是另一个类似的例子。在汉语中，“吧”原本用作象声词和语气助词，但随着“酒吧”的出现，“吧”在当代汉语中具有了一种新的词义，即“表示某种特定的地方”，并催生了大量仿造新词，如“网吧”“氧吧”“鞋吧”“骑吧”“话吧”“水吧”“迪吧”“琴吧”“书吧”“陶吧”等，不胜枚举。

音译中的发音变异是一种普遍现象。从英译汉来看，发音变异主要是汉语民族趋吉逐利和文化认同心理使然。例如“万事达卡”（Master Card）和“百事可乐”（Pepsi Cola），其中的“万事”“百事”与原词对应音节发音相差虽远，但却迎合了国人“事事顺心”“万事如意”的心理。又如香港品牌“金利来”（Gold Lion）由曾宪梓创立，“利来”的发音与lion有差异，但整个中文商标名却非常吉利，暗示财源滚滚；若按英文名字面意思译为“金狮”，则与粤语发音“金输”相同。“输”意味着输钱或亏损，是商家大忌，这或许是Gold Lion未译为“金狮”的原因。再如Hope-show被译为“红袖”，译名不仅脱离原意，发音也与原词不太一致，但却迎合了国人的文化心理，因为“红袖”使人联想到“红袖添香”，进一步联想到美丽的女子，故能受到国人青睐。

三、英汉饮食文化翻译

饮食是支撑人类生存的根本，日常生活中所使用到的饮食习语有很多，不仅十分生动，还具有形象性。[①]受自然气候、风俗习惯以及地理位置的影响，不同国家和地区形成了不同的饮食习惯和饮食文化。以下就从茶、酒和菜肴等角度比较英汉饮食文化的区别，同时探究与之相对应的翻译方式。

（一）英汉菜肴翻译

1. 英汉菜肴文化对比

（1）英汉菜类对比。

西方国家的发展以养殖和渔猎为主、种植和采集为辅。他们的日常饮食中，更多的是肉食。到工业社会时期，食品加工行业得到快速发展和提升，

① 庄小燕．从语言功能看饮食习语的英汉互译 [J]. 校园英语，2017（31）：225.

西方人创造了非常多的食品工业和快餐文化。但整体来看，西方饮食文化还是受到航海民族和游牧民族文化的制约，使得他们的食品种类非常有限，工业食品也很单调，但其优势在于制作工艺简单，营养搭配较均衡。

中国自古就是农业大国，因此饮食的主要来源肯定是农业产品，主要可以分为以下三种：

第一，主食类。中国的传统主食具有非常显著的地域风格，主要表现为北方主食以馒头、面条为主，南方主食则以米饭为主。像一些淀粉含量高的农产品如山药、土豆和番薯等，也被一些地方作为主食食用。

第二，辅食类。中国的辅食以蔬菜为主，品种齐全，品类丰富，达 600 多种。

第三，肉食类。中国古代的肉食非常少。不过随着物质生活水平的提高，百姓的餐桌上的肉类也开始逐渐增多。

（2）英汉烹调方式对比。

从食材角度而言，西方国家的类别比较少，烹饪时大都采取混在一起的做法，因而烤、煎、炸是比较常见的做法。这几种方式都比较容易保留食材的营养不流失。需要注意的是，西方国家对食材的要求更多地注重营养均衡这一要素，很多学校配备了非常专业的营养师，这也可见其对学生营养的要求是非常高的。

中国自古以来在饮食方面都有着深刻且广泛的研究。烹调方式也比较多样，整体上来看，包括爆炒、熏制、焖煮、烘烤、煎炸、白灼、炖煮等。此外，中国物产丰富，中国人的餐饮文化讲究因地制宜、就地取材，新鲜的食材加上合适的烹调方法，让中国的餐饮文化一直非常丰富且具有内涵。中国的菜品按照地域可分为苏菜、鲁菜、徽菜、粤菜、湘菜、浙菜、川菜和闽菜八大菜系。

（3）英汉饮食观念对比。

西方人对饮食没有过多要求，只是为了身体的营养需要而摄入食物。因此，西方人的饮食理念也更加理智，追求营养均衡。

而中国人对饮食的要求更多的是从美学角度考虑的，对食材美观性、口感和味道的追求超过了对营养的关注。而且中国的食材烹调还融合了中国的阴阳五行学理念，将食材的各种口感进行渗透融合，创造出了中国特有的饮食文化。

2. 菜肴的英汉翻译技巧

中国不仅食材丰富、烹调方式多样，而且菜肴的命名也很有学问。不管是写实性的还是浪漫化的命名，都给人心旷神怡之感。所以对中国菜肴名进行英语翻译时也要注意灵活性，通常情况，可以从以下类型进行翻译。

（1）直译。

这种方法比较适用于对写实性的菜肴进行翻译，可以让人们看到菜肴的烹调方式以及所需要的主食材、配料和需要用到的调料等信息。

①烹调方式 + 主料名。例如：

脆皮锅酥肉 deep fried pork

五香兔肉 spiced hare

②烹调方式 + 主料名 + with + 配料名。例如：

杏仁炒虾仁 fried shrimps with almonds

蚝汁鲍鱼片 fried abalone slices with oyster oil

③烹调方式 + 主料名 + with/in + 配料名。例如：

荷叶粉蒸鸡 steamed chicken in lotus leaf packets

④烹调方式 + 加工法 + 主料名 + with/in + 调料名。例如：

红烧狮子头 stewed minced pork balls with brown sauce

肉片烧豆腐 stewed sliced pork with beancurd

（2）意译。

中国有些菜肴是取其寓意进行命名的，这些名字听起来既有诗意又非常吉利，但从菜名中无法得知采用的主要食材、原料特点和烹调方式。对此类菜肴名进行翻译时，一般采取意译法，重在表达其内涵。如：

蚂蚁上树 bean vermicelli with spicy meat sauce

游龙戏凤 stir-fried prawns & chicken

（3）直译 + 意译。

还有一些菜肴名结合了写实和写意两个方法，既可以让食客很清楚地了解到主要食材和烹调方式，还具有一定的诗意。这种菜肴名的翻译较多要采用直译法和意译法结合的方式，这样才能将寓意体现出来。例如：

木须肉 fried pork with scrambled eggs and fungus

翡翠虾仁 stir-fried shrimps with peas

（4）直译 + 解释。

中国的菜肴名包含了丰富的文化底蕴和民俗情趣。有些跟历史人物有深厚渊源，有些跟地名有所联系，还有一些来自传说故事、典故等。所以在翻译时，为了更清楚准确地对其文化底蕴进行表达，宜采用直译法，并辅以一定的解释。例如：

东坡肉 Dongpo braised pork

北京烤鸭 Beijing roast duck

（二）英汉酒文化翻译

酒文化与人们的日常生活息息相关，更是构成饮食文化的一个重要部分，其不仅在中国，更是在全球范围内的国家中都是不能忽视的，而且各国酒文化的内容和内涵也各有不同。

1. 英汉酒文化对比

（1）英汉酿酒原料对比。

受不同的水质、地理环境和气候等的影响，每个地区的农产品作物的种类质量和数量都会有所差异。中方和西方酿酒所使用的原材料是不同的，这是因为二者在地理位置、气候条件等方面有所差异。

古希腊是文明发源地之一，位于地中海的东北端，三面都是海，土地面积不大，且非常贫瘠，冬季雨多，夏季炎热。这种气候是不利于农作物种植的，但是却给葡萄的生长创造了条件。土地贫瘠使得葡萄扎根非常深，因此这里不仅盛产葡萄，而且葡萄品质也非常高。这一优势也为西方人使用葡萄酿酒创造了非常有利的条件，而且形成了久负盛名的葡萄酒文化。葡萄不但可以酿葡萄酒，而且是酿造白兰地、香槟等的主要原料。

黄河流域是中华文明的发源地之一，这一带气候宜人、土地辽阔且肥沃，非常适合种植高粱、小麦等农作物，这里作为世界上最早的农业中心之一，有着悠久的历史。这里为人们酿造粮食酒创造了条件，从而成就了中国特有的酒文化。整体上看，高粱、稻谷、粟和小麦都是主要的酿酒原料，中国的酒主要包括黄酒、白酒等。

（2）英汉饮酒文化对比。

中西方国家的文化理念、发展历程都具有较大的差异，饮酒文化也因此千差万别。

西方人在品酒时比较重视身体器官的感受，所以他们通常会按照味觉感受以先较淡再较浓郁的顺序品酒。在聚会和宴会上，酒也被分为不同类型，主要按照用途区分，如开胃的、辅佐菜肴的、餐后的等。西方人品酒时气氛会比较祥和，没有猜拳、行令之类的助兴活动。西方人对倒酒的量也有比较严格的规定，倒杯子容量的三分之二为宜，而且通常会在吃完主菜、未上甜点之时敬酒。另外，在敬酒时要将酒杯放置在与眼睛同高的位置，并直视对方，这样才是有礼貌的敬酒行为；而被敬酒的人也不会一饮而尽。特别需要注意的是，西方人喝酒对酒具的选择也非常讲究，一般会选择郁金香形的高脚杯盛酒。这种形状的容器有利于让酒的香气聚集在杯口，给人更香醇的体验，而且也表现出了对酒的尊重之意。

中国自古以来就是非常有名的礼仪之邦，在酒文化中也可见一斑，具体体现在以下方面。

第一，酒德是酒文化的关键。早在孔子时期就曾提到酒德的重要性。人的酒量各不相同，所以不能过量饮酒，而是要确保人们在饮酒之后还能保持神志清醒。

第二，长幼尊卑观念也是酒文化的重要内容。中国人在饮酒时更为强调气氛的营造和高涨的情绪，所以在倒酒时会倒满，以示尊重，敬酒的一方也要先喝完。而且在敬酒时还要注意顺序，主人会先敬酒，之后再由其他人来敬酒。敬酒的对象也要从最为尊贵的客人开始。此外，下级和晚辈要主动给上级或者长辈敬酒，要将酒杯置于对方酒杯下方，要说吉祥的祝酒词，并要自己先干完，这样才能体现出对被敬酒人的敬重和诚意。为了营造酒桌上的热烈气氛，还可以进行一些行酒令、猜拳等助酒活动。

2. 酒的英汉翻译技巧

因酒文化在国家之间存在明显的差异，对其进行翻译时就存在一些困难。

在翻译关于酒文化的相关词汇时需考虑多种方法的综合使用，如音译、意译等。需要对原文进行具体分析，选择合适的手段进行翻译，以保证含义完整、传达精确。以下重点举例说明解释性翻译。

原文：杜少卿走进去，问娘子可晓得这坛酒，娘子说不知道。遍问这些家人、婆娘，都说不知道。后来问到邵老丫，邵老丫想起来道："是有的。是老爷上任那年做了一坛酒，埋在那边第七进房子后一间小屋里，说是留着韦四太爷同吃的。这酒是二斗糯米做出来的二十斤酿，又兑了二十斤烧酒，一点水也不掺。而今埋在地下足足有九年零七月了。这酒醉得死人的，弄出来少爷不要吃！"

（吴敬梓《儒林外史》第三十一回）

译文：Du Shao-qing went to the inner chambers to ask his wife if she knew anything about this wine, but she did not. He asked all the servants and maids, but none of them knew. Last of all, he questioned his wet-nurse Shao. "There was such a jar," she recalled. "The year that our late master became prefect he brewed a jar of wine and buried it in a small room at the back of the seventh courtyard. He said it was to be kept for Mr. Wei. The wine was made of two pecks of glutinous rice and twenty catties of fermented rice. Twenty catties of alcohol went into it too，but not a drop of water. It was buried nine years and seven months ago, so it must be strong enough now to blow your heads off. When it's dug up, don't drink it, sir!"

（杨宪益、戴乃迭译）

（三）英汉茶文化翻译

茶作为极为普遍的饮品，风靡世界各地，特别是中西方国家。以茶会友成为一种较为流行的人际交往方式。品茶不仅是对茶的本身进行味道品尝，而且也是一种精神体验。中西方国家都有着自身独一无二的茶文化，这是由社会历史条件的差异造成的。

1. 英汉茶文化对比

（1）西方国家的茶文化。

茶的原产地在中国，丝绸之路开通后传入了西方国家。据目前相关史料显示，西方国家中有关茶的最早记载出现在《塞缪尔日记》中，书中对茶有一句极为直接、明显的描述："我喝了一杯以前从未喝过的茶。"其日期记录为1660年9月25日。所以可以得出结论：丝绸之路开通后，茶传入西方国家。茶的英文是tea，是由我国的闽南语音译而来。当茶进入西方国家后，也没有改变原有的发音，并且逐渐演变成为英文单词tea，而且这也进一步证实了茶的发源地是中国。

英国人对于茶十分热爱，在1750年由英国人托马斯·肯特编写的《茶经》中，详细记载并介绍了茶的种植、采摘、制作过程以及泡茶等方面的内容。在这之前，有一位叫托马斯·加雅的咖啡店主，在自己的店铺中进行了茶叶大展卖，获得了许多人的欢迎，这是英国历史上第一次进行茶叶大展卖。随着时间的推移，英国人对于茶的大力推广以及热烈追捧，使喝茶成为英国的一股潮流。

茶成为英国人的必需品，英国皇室对于茶也十分热衷，每当有重大社会事件发生时，饮茶便成为不可或缺的内容。例如，英国女王对于饮茶十分热衷，每天饮茶是其日常习惯。同时，在对有关民生事务以及国家利益等重大事务进行协调处理时，饮茶也是极为重大的仪式之一。在英国民众中，饮茶也成为工作闲暇时刻极为重要的休闲方式之一。英国人按照不同的饮茶时间将茶划分为早茶、午茶和晚茶。在饮茶时，通常会配有不同的小茶点。通过种种现象可以得知，在英国人的日常生活中，饮茶早已成为不可或缺的一部分，几乎与"一日三餐"的地位等同。

德国人对于饮茶也十分热衷，因"冲茶"方法区别于其他国家而表现出独特性：将漏斗置于茶壶之上，再将一个细密的金属筛子放置于漏斗上，在筛子中放置茶叶，紧接着用沸水连续冲茶，茶水会顺势而下，进入茶壶中。用这种独特的"冲茶"方式冲出的茶水颜色十分浅淡。另外，德国人对于"花茶"也十分喜爱，如将各色的花瓣搭配果干混合冲泡。由此可以得知，德国人的花茶是"有花无茶"。

法国的咖啡馆在世界享有盛誉，同时饮茶也是法国的一大风尚。法国人对于东方的茶道文化很感兴趣，并且开展了深入研究和学习。因而，在当代的巴黎，有着许多极具东方文化特点的茶座存在。

作为咖啡王国的美国，饮茶的人也不在少数，几乎占据总人口的一半。美国人的饮茶习惯也极具特色，热衷于饮凉茶和冰茶，与中国人喜爱饮热茶极为不同。美国人并不热衷于饮用即时冲泡的茶水，而多是饮用罐装的，混合糖、奶等其他饮品的冷饮茶。

综上所述，茶叶从中国传入西方后，西方国家将中国的茶文化与自己民族的文化相融合，进一步推动了饮茶方式的创新与发展。

（2）中国的茶文化。

中国茶文化源远流长，在几千年的历史中，茶逐渐从一种自然植物演变成人们生活中不可或缺的一部分，并形成了独具特色的茶文化。

①神农时代，茶最初被发现，并作药用。传说神农氏在尝百草时，发现茶叶具有清凉解暑的功效，于是茶叶逐渐被人们认识并用于治疗多种疾病。这个阶段，饮茶的主要目的是为了养生和疗病。

②西周、东周时期，人们开始人工栽培茶树，并把茶叶当菜食用。这一阶段的转变，标志着茶开始从药用向日常生活融入。

③秦代，茶开始被用作饮品，人们开始调煮、品饮茶叶。这是茶从食用到饮用的重要转变，为后续的茶文化发展奠定了基础。

④汉代，茶开始进入商业化阶段。西汉时期，成都成为我国茶叶最早的集散中心，茶叶贸易逐渐繁荣。到了东汉时期，为了方便运输，人们开始制作茶饼。

⑤唐代，随着当时经济、文化的繁荣的，特别是陆羽《茶经》的倡导，唐代饮茶文化盛行。茶馆、茶楼等场所开始兴起，饮茶成为一种社会风尚。

⑥宋代，泡茶技艺得到显著的提升，人们开始注重水质，斗茶成为一种风潮。这一时期的茶文化注重精细、雅致，体现了宋代人对生活的独特追求。

⑦元代，开始出现散茶，并逐渐普及。

⑧明代，朱元璋废团改散，黄茶、黑茶和花茶的工艺相继形成。

⑨清代，中国茶开始风靡世界，多种制茶工艺如烘青、炒青等得到广泛应用，乌龙茶、红茶、黑茶、花茶、绿茶、白茶等多种茶类开始流行。

中国茶文化历经数千年的发展，形成了独具特色的文化现象。这一过程不仅反映了中国历史的变迁，也体现了人们对美好生活的追求和向往。

在中国茶文化形成与发展的漫长历程中，涌现出众多与“茶”相关的词语、成语和诗句，它们不仅丰富了汉语的词汇库，也深刻反映了茶文化的深厚底蕴。以下是一些具体的例子。

茶道：指饮茶的艺术，是一种通过饮茶的方式修身养性、品味人生、增进友谊、美心修德、学习礼法、领略传统美德和怡情悦性的仪式。

茶艺：是包括茶叶品评技法、艺术操作手法的鉴赏以及品茗美好环境的领略等的整个品茶过程，强调形式和精神的相互统一，是饮茶活动过程中形成的文化现象。

茶禅一味：指茶文化与禅文化的相通之处，即茶的自然、清新、静雅与禅的宁静、淡泊、自在相融合，达到一种心灵的和谐与升华。

三茶六礼：旧时指订婚时的郑重礼节。三茶指订婚时的下茶，结婚时的定茶，洞房前的合茶；六礼指求婚至完婚过程中的六种礼节，即纳采、问名、纳吉、纳征、请期、亲迎。

茶饭不思：形容心情焦虑不安，不思饮食。

“休对故人思故国，且将新火试新茶”：这句诗来自苏轼的《望江南·超然台作》，表达了诗人对故国的思念之情，同时也寄寓了诗人对新茶的期待和喜爱。

“半壁山房待明月，一盏清茗酬知音”：这句诗描绘了茶与知音相伴的美好画面，表达了茶文化的社交功能和情感价值。

“被酒莫惊春睡重，赌书消得泼茶香”：这是纳兰性德《浣溪沙·谁念西风独自凉》中的词句，描述了夫妻之间悠闲自在的生活状态，其中“泼茶”是一种游戏，表现了茶在古人生活中的趣味性和文化内涵。

这些词语、成语和诗句进一步丰富了茶文化的内涵，展示了茶在中国人生活中的重要地位和深远影响。它们不仅是对茶文化的赞美和传承，也是中华优秀传统文化的生动体现。就翻译而言，我们在做汉译英遇到这样的汉语表述时就需要深刻透彻理解其中的文化内涵。

2. 茶的英汉翻译技巧

茶文化的内涵是非常丰富的，因而对这类词汇进行翻译时，内涵的完整、精确传达是重中之重。下面是关于茶名、茶道翻译的例子。

（1）茶名的翻译。

原文：林之孝家的又向袭人等笑说："该沏些个普洱茶吃。"袭人晴雯二人忙笑说："沏了一盅子女儿茶，已经吃过两碗了。大娘也尝一碗，都是现成的。"

（曹雪芹《红楼梦》第六十三回）

译文：Mrs. Lin advised Xiren and Qingwen to brew him some puer tea. "We've made him some nv'er tea and he's drunk two bowls. Won't you try some，madam?" They answered, "It's already brewed."

（杨宪益、戴乃迭译）

（2）茶道的翻译。

原文：尤氏忙止道："不必，不必。你这一向病着，那里有什么新鲜东西。况且我也不饿。"李纨道："昨日他姨娘家送来的好茶面子，倒是对碗来你喝罢。"说毕，便吩咐人去对茶。

（曹雪芹《红楼梦》第七十五回）

译 文："No need, no need," Madam You at once demurred. "I'll as you've been, you can't have any delicacies here. Besides, I'm not hungry." "Lan's aunt has sent me some good fried flour，let's mix a bowl for you to taste." She ordered a maid to prepare this.

（杨宪益、戴乃迭译）

四、英汉服饰文化翻译

服饰既是物质文明的一种表现方式，也是对一个民族审美情趣、文化素养和精神风貌的概括。中西方的服饰经过不同的发展和演变，都具备了自身独具个性和风格的表现体系。

（一）英汉服饰文化对比

服饰文化中有三个重要的影响因素，即材料、款式和颜色。除了这三种重要因素之外，服饰的图案和设计观念等也会对服饰的文化形成一定的影响。

1. 材料对比

（1）西方服饰的材料。在丝绸之路开通之前，西方服饰比较常用的布料主要有羊毛面料、棉布和亚麻布。受地理环境的影响，亚麻成为西方很多国家的盛产之物，由亚麻制成的布料手感较好且非常结实。比较适合日常穿着。

（2）中国服饰的材料。最能体现中国特色的服饰材料是丝绸，中国的丝绸历史已有五千多年。详细来讲，丝又可以根据纹理和织法的不同分为锦、绢、练、绫、绮、缟、素、纱等多种类型，从这些分类可以看出，中国的制丝工艺已经达到炉火纯青的地步，这也是广大劳动人民的智慧结晶。丝绸手感柔软细腻，它能给人们带来一种飘逸如仙的视觉感受。

2. 款式对比

（1）西方服饰的款式。通常情况下，相比于中国人，西方国家的人身材会更加高大魁梧，脸部轮廓也更为立体，需要在服饰上进行一种横向视觉的平衡，尤其是女性的服饰，在设计上会大量采用花边的重叠、袖型的膨胀和裙撑的扩展等手法，让视觉效果更加具有横向作用。而且西方人一般比较豪爽热情、个性张扬，这就造成了他们的服饰夸张、个性的特色。牛仔服就是非常典型的西方服饰的代表。

（2）中国服饰的款式。中国人身材娇小，因而在设计服装时会考虑身材体形因素，追求从视觉上重新打造身材比例。在魏晋时期，男子的服饰一般都是比较宽大的袍衫，女子多着长裙；中唐时期，长裙往往采用拖地设计；清代的服饰袖口十分肥大。不管是怎样的设计，无不透露出雍容华贵之感。而且中国人的脸部轮廓比较柔和，所以在服装设计上也会体现出一种平和的特色。

3. 颜色对比

（1）西方服饰的颜色。颜色可以侧面体现出一个民族的风貌特征和性格特色。罗马时代，白色和紫色是西方国家服饰的主色调。西方国家的人们认为白色是圣洁、纯净的颜色，自古以来就得到了很多人的青睐，婚纱以这个颜色为主色是西方国家人们心中较为固有的认知；紫色象征的是高贵、财富，细分来看，红紫色更适合年轻人，青紫色则更容易得到优雅成熟女性的喜欢。

到文艺复兴时期，明亮的颜色更受到西方国家人们的喜爱，服饰的设计也更加奢华繁复。在这个时期，法国人比较青睐丁香色、纯白色、天蓝色和蔷薇色；灰色调和玫瑰红则成为西班牙人服饰的主色；英国人则更喜欢体现高贵神秘的黑色。现代，地位、等级的概念逐渐被人们所淡化，对服饰和颜色的选择更加依据于个人喜好，颜色成为代表人们个性的一个元素。

（2）中国服饰的颜色。《舆服志》中描述了中国服饰颜色的一个发展历程，它对各个时期的主色调进行了描述，并且指出了服饰颜色的选择有着比较严格的阶级限制。从书中的记载也可以看出，中国服饰颜色的特点有两个：一是鲜明的时代性，二是严格的等级性。

4. 图案对比

（1）西方服饰的图案。社会历史背景对人们的审美有着很大的影响，因而，随着历史的发展，西方国家服饰的图案也同样经历着变化和发展。在文艺复兴时期，花草图案是西方服饰的主要图案，早期花卉图案是人们最为喜欢的服饰图案。到法国路易十五统治年代，洛可可装饰风格在很大程度上影响了服饰图案的选择，漩涡形的藤草图案、花草图案等应用较多。近代，开始流行几何图案、杜飞花样图案等。

（2）中国服饰的图案。中国服饰的图案丰富多样、多姿多彩，常常表达出丰富的文化内涵和美好的心愿。像牡丹、喜鹊、鹤鹿等图案就表现出人民追求美好生活的愿望，还有一些图腾图案表达出人们的崇拜和敬畏之情。

5. 观念对比

西方人和中国人对服饰设计的观念也有着一定的差异，西方更讲究人体美，而中国则讲究仪表美，这也是区别英汉服饰设计的一个基础条件。

这种区别的存在是因为古希腊、古罗马时期的雕塑、绘画艺术等在一定程度上给服饰设计带来了灵感；另外，由于地处地中海沿岸，气候温暖适宜，人们对服饰的追求也以凉爽、舒适为主要目的。所以，西方服饰的设计中会首要考虑人体需求，并体现出男士的康健雄壮和女士的婀娜之态。

中国自古以来就是一个非常崇尚礼仪的国家，传统礼教对几千年的文化发展产生了非常深厚的影响。所以中国服饰也更讲究一种文明的体现，并通过不同的服饰体现不同的阶级和社会地位。随着改革开放深化和文化交流的加强，中国现代社会的服饰理念发生较大改变，但传统的礼仪服饰理念也仍然存在于人们的日常穿着中。

（二）服饰的英汉翻译技巧

民族服饰是民族文化的体现，因而其中蕴含着丰富且深层的文化意义。对此类词汇进行翻译时，需保证读者能够了解其基础文化内涵，从而更好地理解译文所传递的意思，因而可在翻译时适当增加一些解释话语。例如：

原文：宝玉只穿着大红棉纱小袄子，下面绿绫弹墨袷裤，散着裤脚，倚着一个各色玫瑰芍药花瓣装的玉色夹纱新枕头，和芳官两个先划拳。当时芳官满口嚷热，只穿着一件玉色红青酡绒三色缎子斗的水田小夹袄，束着一条柳绿汗巾，底下是水红撒花夹裤，也散着裤腿。头上眉额编着一圈小辫，总归至顶心，结一根鹅卵粗细的总辫，拖在脑后。右耳眼内只塞着米粒大小的一个小玉塞子，左耳上单戴着一个白果大小的硬红镶金大坠子，越显的面如满月犹白，眼如秋水还清。

（曹雪芹《红楼梦》第六十三回）

译文：Baoyu himself stripped down to a scarlet linen jacket and green dotted satin trousers, letting the ends of the trouser legs hang loose. Leaning on a jade-colored gauze cotton filled with all sorts of fresh rose and peony petals, he started playing the finger-guessing game with Fangguan.

Fangguan, who had also been complaining of the heat, had on only a short lined satin jacket—a patchwork of red, blue and jade-colored squares, a green sash, and pink trousers with a floral design left untied at her ankles. Her hair, woven in small plaits, was gathered on the brown of her head into a thick braid hanging down at the back. In her right ear she wore a jade stop no bigger than a grain of rice, in her left a ruby-ear-ring set in gold the size of ginkgo nut, making her face seem whiter than the full moon, her eyes clearer than water in autumn.

（杨宪益、戴乃迭译）

五、英汉称谓文化翻译

（一）英汉称谓文化对比

1. 社交称谓对比

（1）英汉普通称谓的差异。用于日常的普通称谓，不涉及年龄、工作、地位。

在英文中，一般的普通称谓有：

第一，Mr. 可以与姓什么或整体姓名联合使用。是对无职位者或不了解职位者的称谓语，较为正式，非亲密用词。

第二，Mrs. 用于称呼已婚女士，通常要与其丈夫姓什么和结婚后姓什么联合使用。

第三，Miss. 用于称呼未婚女士，通常要与其姓联合使用，语气较为严谨，表现出的亲密程度一般。

第四，Ms. 是一个对女士的尊敬称呼，由 Mrs. 和 Miss. 两个词组合而来。Ms. 的由来和西方习惯重视隐私、对婚姻状况保密这一习俗有相当关联。因此，对于婚姻状况不明的女性可以用 Ms.。

第五，Madam 和 Sir 是对应的一组尊敬称呼，一般分别泛指公众场合的女士、男士，常常不和姓氏连用，表现出的亲密程度一般。

第六，Lady 也是一个对女士的尊敬称呼，寓意高贵，意为“淑女”“尊敬的夫人”。

汉语中的普通称谓有：

第一，阿姨：对与妈妈年龄相仿女士的称呼。

第二，太太、先生：前面加上姓，直接称呼。

第三，伯伯、大爷、大叔、大妈等：是一种广泛称呼，来源于类比亲属。

（2）英汉头衔称谓的差异。英语和汉语中皆可将职业地位如工作、职务和技术级别等作为称呼。

英文中的地位称呼应用范围不多，仅有博士、医生、教授，也有表达敬意的成分。这些称呼可以单用，也可以和姓联合使用。

汉语中的头衔称呼相对就更复杂，大多数工作、技术级别和职务等，不论其高低都可直接简单作为称呼，不附加其他，也可与姓连用。如赵县长、钱区长、王主任、孙会计、张医生、李护士、周老师等。

（3）英汉类比亲属称谓的差异。类比亲属称呼是亲属称呼词的变种，由亲属称呼词演化而来。类比亲属称呼的作用是表达对被称呼人的敬意。汉语中常采用类比亲属称呼，在英文中不常用。

在汉语中，常常把和自己长辈岁数相仿的人称为爷爷、大爷、奶奶、大妈、大娘、大伯、伯母、阿姨、叔叔等。这些称呼有几个关键的词，如婶、奶、伯、妈、娘、叔等。如：

第一，“爷爷”用于尊称爷爷辈和年纪与爷爷相仿的男士，如王爷爷、李爷爷。

第二，“奶奶”是对奶奶辈女士的称谓，同时也可用于对年纪同奶奶辈相近的女士的称呼。

第三，“大爷”“伯”是对与爸爸同辈且年纪大于爸爸的男士的称谓。

第四，“娘”是对妈妈及与其年龄相仿已婚女士的敬称。“伯母”是对妈妈辈及与其年龄相仿已婚女士的敬称。

第五，“叔”是对与爸爸同辈且年龄比爸爸较小的男性的敬称。“婶”是对与妈妈同辈且年龄比妈妈较小的已婚女性的敬称。

另外，同一辈分的人采用兄、弟、姐、妹的称呼方式。如男子之间的称呼，存在亲属关系的一般为哥哥 / 弟弟、堂哥 / 堂弟、表哥 / 表弟等，没有亲属关系的则称为老兄、老弟等。

2. 亲属称谓对比

英文中有关亲属的称呼很简单，不够精准，而汉语则与此相反。汉语中对于亲属的称呼系统是叙述式的，比较详细。

在英语中，按照类分式对亲属进行称呼。①

例如，在父母辈中，爸爸用 father，妈妈用 mother，对父母的弟兄姊妹则一律称为 cousin。另外，英语中对同辈亲戚的称呼无大小之分，如 brother 既可表示“兄长”又可表示“小弟”，uncle 既可表示“伯伯”又可表示“叔叔”

① 胡蝶 . 跨文化交际下的英汉翻译研究 [M]. 长春：东北师范大学出版社，2018：174.

等。因此，英语中仅仅有 13 个亲戚称呼名和个别形容词。

汉语的亲戚称呼系统详尽而全面，属于叙述式系统。其构造层次依据为上古传承的“九族五服制”，既含有由血缘关系产生的亲属群体，也含有由婚姻关系产生的配偶亲属群体。因此，汉语中的亲属称谓详尽且精确，可以判别直系亲戚和他系亲戚、妈妈方面和爸爸方面亲戚，也能区分年龄大小。

（1）血亲姻亲称谓的差异。英语亲戚称呼系统在结婚和血缘亲戚称呼之间无明确界限，如英文中爸爸的弟兄、妈妈的弟兄皆可用 uncle 一词来表达。汉语言中遗留了封建社会的痕迹，中华民族尤其重视血缘亲戚裙带，所以在称谓中有所体现。如叔叔（血缘亲戚称呼）、妹妹（血缘亲戚称呼）、姐夫（婚姻亲戚称呼）、弟媳（婚姻亲戚称呼）、哥哥（血缘亲戚称呼）、姑父（婚姻亲戚称呼）等尊称方式不同。

西方人以自由和平为目标，西方家庭的亲戚都是平等的，互相沟通也很自然，因而英语中的亲属称谓相对简单，一般和姓氏连在一起。汉语则截然不同，中国自古以来就有敬重长辈的传统品格，在称呼上也是用尊称表达对某个人的尊重之意。

（2）宗族观念差异。宗族是称呼中的一种特性，汉语中体现的较明显，英语中则比较弱。

之所以存在宗族观念方面的差异，是因为西方人的宗族意识比较弱，其更崇尚个人的自由和个性，因而不会像中国人那样特别重视宗族之间的长幼辈分关系。

而汉语中的宗族性比较突出，尤其体现在姓氏上，同姓即很大程度上带有宗族关系。如父母双方分别有不同的姓，伯叔等与父亲同姓，“我”与其子女相互称呼为堂哥弟、堂姐妹等，从姓氏来看是从属于同一个宗族中的。舅舅、姨母等与母亲同姓，“我”与其子女相互称呼为表哥弟、表姐妹等，从姓氏来看分别属于不同的宗族。这种称呼的表达对关系的区分更加精确，英语则达不到这种效果。

（3）长幼辈分称谓的差异。英语中对长幼辈分的称谓十分笼统，并不精确。英语中能够精确对应于汉语中的表示亲属之间长幼关系的称谓主要是祖孙三代间的称呼，如 grandson—son—father—grandfather 对应的是“孙子—儿子—父亲—祖父”。更高的辈分，如对祖父的父亲进行称呼时则再叠加 great 或 grand，如 great-grand-father，同理称呼孙子的儿子时也是如此。

但在中国汉语体系下，亲戚之间的称呼划分的十分明确，且注重长幼的辈分。当前，表达亲戚关系的称呼共有 23 个，每一个称呼都体现着辈分的含义。此外，在辈分称呼中，通常长辈能够对晚辈直呼其名，晚辈则不能对长辈如此。与亲戚之间的辈分相同但年龄不同时，在称呼上也有着一定差异，比如古代，妻子对丈夫的哥哥、弟弟、姊姊、妹妹的称呼分别是“兄公”“叔”“女公”和“女叔”。

（二）称谓的英汉翻译技巧

1. 亲属称谓的翻译

（1）父母辈的称谓。一般采用直译方式。

例 1：当下贾母一一指与黛玉：“这是大舅母；这是二舅母……”

（曹雪芹《红楼梦》）

译文：Then Jia’s mother pointed to Daiyu one by one: “This is your aunt; This is your second aunt...”

（2）子女辈的称谓。一般采用字面翻译方式。

例 2：一日到了都中，进入神京，雨村先整了衣冠，带了小童，拿着宗侄的名帖，至荣府的门前投了。彼时贾政已看了妹丈之书，即忙请人相会。

（曹雪芹《红楼梦》）

译文：One day, when he arrived at the capital and entered the capital of God, Yucun dressed himself first, took the boy with him, and took his nephew’s name card to the door of Rong Mansion. At that time, Jia Zheng had read her husband’s book and was busy inviting people to meet him.

（3）兄弟辈的称谓。一般舍去汉语中表长幼或顺序的词。

例 3：黛玉虽不识，也曾听母亲说过，大舅贾赦之子贾琏，娶的就是二舅母王氏之内侄女，自幼假充男儿教养的，学名王熙凤。黛玉忙陪笑见礼，以“嫂”呼之。

（曹雪芹《红楼梦》）

译文：Although Daiyu did not know him, she had heard her mother say that Jia Lian, the son of her uncle Jia She, had married a niece of her second aunt Wang's family. She had been raised as a boy since childhood, and her formal name was Wang Xifeng. Dai Yu was busy smiling at the ceremony and called it "cousin".

（4）孙子孙女辈的称谓。同样采用字面翻译方式。

例 4：每逢节日，孙子孙女们都会来看她。多么热闹啊！

译文：During festivals, grandsons and granddaughters come to see her. How lively it is!

2. 社交称谓的翻译

（1）对等翻译。这是社交称谓翻译的常见方式。

例 5：方博士是我世侄，我自小看他长大，知道他爱说笑话。今天天气很热，所以他有意讲些幽默的话。

（钱钟书《围城》）

译文：Dr. Fong is my nephew, and I saw him growing up and know that he loves to tell jokes. It was a hot day, so he made a humorous remark.

（2）改写翻译。语言体系差异决定了社交称谓的对等差异，运用改写翻译方式可确保读者的理解。

例 6：刘东方的妹妹是汪处厚的拜门学生，也不时到师母家来谈谈。

（钱钟书《围城》）

译文：Liu Tung-fang's sister, a former student of Wang Chuhour, also dropped in sometimes to see her, calling her "Teacher's wife."

解析："师母家"这一词没有能够和其相对的英语，这时通过了解上下文的意思来先理解所指代的含义，即老师的妻子。因而按照这一含义进行英语翻译，为"teacher's wife"，如此既将原文意思清楚表达出，也指明了其所暗含的人物关系，帮助读者更清楚地把握语段的意思。

六、英汉居住文化翻译

建筑是居住文化的载体，直观体现文化内涵。民居、仓库、地窖等都属于民间建筑，从民间建筑能看出国家的民族文化与生产方式。

（一）英汉居住文化对比

1. 西方的居住文化

回溯历史，各民族建筑风格大有不同，西方的多民族也塑造了多元的居住文化。

（1）英国民居。英国人认为房屋是私人空间，所以英国人在选择房屋时通常选择安静、偏远的地区，并且和邻居的房屋之间要用绿植等隔离。

20 世纪 60 年代，因为住房问题，英国政府修建了许多高层公寓，但由于高层公寓的隐私性差，所以并没有受到人们的欢迎。70 年代时修建的房屋比较矮小，所以一般富裕的英国人都会在郊区买一套独立或半独立的小楼，这样他们就可以生活得安静并且舒适。

从当前来看，英国人所购房屋通常是有以下几种：

第一，独立式。每户居民均独有庭院、花园与车库，独立居住，安静舒适。

第二，半独立式。半独立式是指两座房子相邻，但有低矮的围墙隔开，住户之间不相互打扰。

第三，排房式。排房式是指每两所房屋共用一堵墙，房子中间没有相隔的墙等，所以房屋的隐私性比较差但是价格相对便宜。

（2）美国民居。美国人居住的房子主要有以下几种：

第一，别墅。包括公宅、合并公宅与独立式住宅。游泳池、网球场通常是标配，一般地处郊区，适合经济条件较好的人居住。

第二，活动房。可自由移动的房屋，房屋内设施完备，一般以木板或铁皮为原材料，个性十足。

第三，公寓。许多户一起居住在同一栋楼里，但每一户都是独立的，并且屋内的设施条件较好。公寓一般建在城市，价格较低，适合经济水平不足的人居住。

2. 中国的居住文化

中国的领土面积宽广，自然环境多样化，所以各地在不同时期都有不同的居住文化。

（1）上栋下宇式。上栋下宇式房屋的地基原料主要是土、木、石，坚实牢固。这种民居的设计和我国古代的封建制度有关，是我国特色民居中的代表性建筑。上栋下宇式建筑虽常见但各具特色，例如环形的客家围楼和四方形的北京四合院等。

（2）洞穴居。以天然洞穴为依托而打造的居住场所，历史十分久远。人们利用自然环境修建民居，从天然洞穴过渡到人工开凿洞穴。现存在的洞穴居的代表有黄土高原的窑洞等。

（3）帐篷式。游牧民族居住帐篷的颇多，如蒙古族人住的蒙古包。现如今也有许多旅行爱好者在登山或郊游时喜欢住帐篷。帐篷有很多种，既有长期的也有临时的。一般常见的帐篷有圆拱形、圆锥形、方形等，材料各不相同。现在依然保留有居住帐篷习惯的民族以少数民族居多，如藏族、蒙古族和哈萨克族等。

（4）干栏式。这一建筑形式常见于云南、广西、贵州等地。此类建筑是在底架的基础上修建的，底架与地面有一定距离，主要建筑材料为竹子或是木头。这样的设计能够防潮、防虫。这种建筑形式一般为两层结构，上层用于日常居住，下层用于饲养牲畜、堆放杂物等，这也充分反映出当地居民的生活习惯与特点。

（二）居住文化的英汉翻译技巧

有关居住文化的翻译，需把握好英汉之间的几点关键差异，如建筑使用的材料、建筑设计的布局和建筑建造的理念等，根据实际分析选择合适的翻译方法，保证译文意思的准确传递。

1. 意译

中国居住文化体现出较强的人文性，将人本主义渗透到了建筑的方方面面，呈现出生动、温和的特点。为更好地表现、传达出中国文化的人文意境，意译法是较为合适的选择。例如：

原文：进入三层仪门，果见正房厢庑游廊，悉皆小巧别致，不似方才那边轩峻壮丽；且院中随处之树木山石皆在。一时入正室，早有许多盛妆丽服之姬妾丫鬟迎着，邢夫人让黛玉坐了，一面命人到外面书房去请贾赦。

（曹雪芹《红楼梦》第三回）

译文：..., for when they had passed three ceremonial gates she saw that the halls, side chambers and covered corridors although on a smaller scale were finely constructed. They had not the stately splendor of the other mansion, yet nothing was lacking in the way of trees, plants or artificial rockeries.

As they entered the central hall they were greeted by a crowd of heavily made-up and richly dressed concubines and maids. Lady Xing invited Daiyu to be seated while she sent a servant to the library to ask her husband to join them.

（杨宪益、戴乃迭译）

2. 释义性翻译

中国建筑中还蕴含着丰富的生活气息，从细节中能够很明显地发现一些生活情趣，这也使得居住建筑整体的优美感更加突出。翻译时需详解具有特定含义的名词。例如：

原文：请韦四太爷从厅后一个小巷内曲曲折折走进去，才到一个花园。那花园一进朝东的三间。左边一个楼便是殿元公的赐书楼。楼前一个大院落，一座牡丹台，一座芍药台，两树极大的桂花正开的好。后面又是三间敞榭，横头朝南三间书房后，一个大荷花池，池上搭了一条桥。过去又是三间密屋，乃杜少卿自己读书之处。

（吴敬梓《儒林外史》第三十一回）

译文：Presently he led Mr. Wei by a passage from the back along a winding path to the garden. As you went in you saw three rooms with an eastern exposure. A two-storeyed building on the left was. The library was built by the Number One Scholar, overlooking a large courtyard with one bed of moutan peonies and another of tree peonies. There were two huge cassia trees as well, in full bloom. On the other side were three summer houses, with a three-roomed library behind them overlooking a great lotus pool. A bridge across this pool led you to three secluded chambers where Tu Shao-wing used to retire to study.

（杨宪益、戴乃迭译）

第四节　跨文化的英汉翻译

一、跨文化英汉翻译的基本原则

翻译作为国家间文化交流的平台，成为不同国家间沟通的主要桥梁。文化的对比多通过语言的“正迁移”实施语言间的有序翻译。基于文化间基本差异的客观存在性、文化背景的杂陈性，以文化间对比坚守着有序翻译原则。

（一）约定俗成的原则

该原则以文化差异下相沿成习的翻译效果实现有序翻译的结果。在翻译的现实过程中，基于语言自身发展特性中的固有规律和常规用语翻译出的作品能为公众所接受和熟知。为避免不必要的、新增翻译造成的狗尾续貂效果，保留已有的人名、地名及其习惯表达，能使翻译效果事半功倍。如按照一般习惯，U.S. Department of State 的译文是“美国国务院”，而不是“部”。

（二）和而不同的原则

“和而不同”也是翻译时需把握的基本原则。

1. 忠实高于创造

从一定意义层面上说，翻译的过程其实是译者对原文进行再次创作的过程。这一过程应不脱离原文语义，并对其文化内涵进行瞬时传达。翻译语言是译者对源语文化的传播过程。译文可以增加读者对源语言文化、思想、文体风格的有效了解。译者对源语言文化的相关内容及其语义内容了解后，以其基本内容为范本，可以对文体风格进行把握。为此，应重视目的语、源语言的文本、语义、文体、风格，该措施即为翻译“第一要义”。

“和而不同”是不同文化间差异的主要翻译原则。在现实实践中，需充分尊重原作、尊重源文化语言要则。换言之，翻译的过程应是忠于源语文本、不能大肆篡改的翻译过程。尽管如此，现实场景中并没有绝对的翻译过程，而过度忠于原文反而会使翻译陷入僵死局面。详尽来讲，翻译的过程应是尊重源语言基本语义、忠于原文文化内容并精准表达，不在语言表达上刻意造作、表达雷同等的过程。“貌似”和“形似”、“意似”和“神似”方为至臻境界。

然而，实际翻译过程中因语言表达方式的差异而不可避免地会出现“表达差异”“文化、概念缺失”等现象，一味死忠反而会在译语形式、源语言、文化内容上背离文化翻译的初衷。针对该种情况，对源语言的再创作和恰如其分地适当应用，显得难能可贵。以文学翻译的应用实践作为明证，在文化翻译领域的审美价值再创造和再提高极为适用。对源语言文化进行翻译，即是立足原文而进行语言重造、完美传递文化精髓的表现。不过，该创造过程往往容易陷入主观臆断、恶意篡改、歪曲事实、凭空设想的境地，在文化内涵上反而应大力摒弃。总而言之，忠于事实的文化差异，是翻译中创作的必要条件。

2. 内容高于形式

翻译以文化差异为背景，以“和而不同”为基本坚持原则，并在内容上注重与形式的联系。该观点以“内容第一，形式第二”为标准，在内涵上囊括源语言基本语义、文化形式、情感表达等内容。形式方面以源语言二次表达为外在表现，与原作体裁选择、修辞手法、语言结构等相关联。详尽来说，翻译的过程应是对源语言内容进行处理、精准传递，同时注重文本形式、文体风格的保留。一旦遇到内容无法通过维持现状的形式表现出来的状况时，则势必需要调整源语言形式以进行准确表达。将附属于语言内容的语言形式作为翻译追求的目标时，达不到翻译的基本目的。由此，必要的句子结构调整、相关字词增删、语义转换及其句型改换等极有必要。

例 1：裁衣不用剪子——胡扯

译文：Cutting out garments without the use of the scissors: only by tearing the cloth recklessly. (talking nonsense)

例句是汉语中的一句歇后语，以上的翻译更加突出了内容的传递，因而也很好地表达出其中所暗含的文化意义。

（三）空位补偿的原则

美国翻译学家尤金·奈达深入研究了《圣经》这本书，翻译过程中提到了“零位信息”的概念，并讨论了文化与词汇缺失的情况。在此基础下，实现了对空位的补偿、对翻译信息亏损的弥补等。例如：

巴儿狗 Pekingese

兵马俑 terracotta warriors and horses

蚕宝宝 silkworm

（四）文化顺应的原则

顺应性是语言迁移翻译的特点，是迎合语境需求，灵活变通语言项目，为使用者提供多种语言选择的手段。交际成功与否，直接受制于语言和文化间的关系处理情况及其是否顺应文化翻译的基本语境。换言之，在语言交际中，实际的交际情况要视交际双方所处的基本文化语境而定。

在不同的文化场景之中，人们需以文化表达调整、文化行为方式控制等方法，促成不同文化语境中交际的成功。与之对应的是，在实际的翻译环节中，坚持文化顺应性原则极为必要。笼统而言，翻译者在翻译实践中，需从读者需求出发，以源语言文化、翻译者能力为综合考究因素，实现文化翻译环节的灵活有序。究其原因，翻译文本需满足不同文化背景下的读者对译文的期待，即其是否在交际实践中、心理上满足读者的基本诉求，正是在此基础上读者才能更好地接受、理解译文。对源语言文化的翻译顺应目的语的基本语言表达和基本文化语境，在语言文化传播中极为有利。

（五）文化再现的原则

文化再现是翻译实践中基于文化差异视野的翻译策略探讨，该原则追求文化交流实质问题的解决。换句话说，译者在翻译实践中的文化再现，也是源语言中文化信息语际转换的关键点。

1. 文化特色再现

在鲁迅的观点中，一度将翻译效果归为“洋气”，力求保留原作优美丰姿、保有异国情调的特色。具体来说，译者围绕文化特色进行翻译，使源语言浓郁的文化气息和色彩得以保留，是完整的文化再现过程。

例 2：巧妇难为无米之炊。

译文 1：Even the cleverest housewife can’t bake bread without flour.

译文 2：Even the cleverest housewife can’t cook a meal without rice.

在上例中，译文 1、2 主要因中西方在传统主食上的差异而不同。译文 1 立足美国原生态家庭，对其传统主食为面包的基本文化因素进行囊括，并不涉及源语中“米”的字眼，如此方能为英美人所认可和通晓。尽管如此，在中国古典文学作品中，尤其是小说中，在对本句进行翻译时，势必需要摒弃西方的“面包文化”，而在整个作品文化氛围中以“米”相协调，如译文 2，如此方能达到尊重翻译原则、尊重民族特色的效果。在古典小说等文学作品翻译中，以当时社会文化背景为基本，能促进现代化源语言迁移，有助于中国特色文化的传播。

2. 文化信息再现

以源语言文化信息为基础，结合字面意思，将文化作为承载利器，深刻理解作品，使译文再现经典信息的翻译过程称为文化信息再现。

例 3：Mr. Vangasllosa has asked the government “not to be” Trojan horse that allows the idealism into Peru.

译文：凡格斯珞萨王请求政府不要充当把理想主义的思潮引进秘鲁的特洛伊木马。

在上例中，初对 Trojan horse（特洛伊木马）进行翻译时，需将源语言文化因素作为理解重点，深刻认识并理解该文化因素的重要性。由此，为确保该内容在文化信息中的完整性，需在内外部的理解和重构中，保留源语言文化的精粹，故可以直译。

3. 文化风格再现

文化风格再现是文化翻译实践的高层次需求。由此判断，文本在传递中，其风格直接决定作品的内在思想和外在灵魂。其思想内在对源语言文化的文本信息具有决定性作用。文学作品翻译作为翻译界的思想领航者，以语言文字、作家情感、思想认知等为基本表现形式和载体，更好地再现了作家的写作风格及其文化内涵。

例 4：苏小姐理想的自己是“艳如桃李，冷若冰霜”，……谁知道气候虽

然每天华氏一百度左右，这种又甜又冷的冰激凌作风全行不通。(《围城》)

译文：Miss Su, who pictured herself in the words of the familiar saying, “as delectable as peach and plum and as cold as frost and ice, ”...Who would have thought that while the temperature hovered around 100 degrees every day, this sweet, cool ice cream manner of hers was completely ineffective.

例句以比喻的手段巧妙应用和安排了多处类比，表现了人的不同个性特征和行为风格，尤其是“艳如桃李，冷若冰霜”和“冰激凌作风”的应用，使作品充满了欢愉、浪漫和情趣。因为“冰激凌作风”本身概念下宽泛的事物特点，所以分别用桃子、李子、冰作类比具体说明，使文章幽默、诙谐。因此，“艳如桃李，冷若冰霜”可以翻译成“as delectable as peach and plum and as cold as frost and ice”，“冰激凌作风”则翻译成“who would have thought that while the temperature hovered”。

二、跨文化英汉翻译中的阐释学

虽然当前从阐释学角度审视翻译已经取得了一定的成果，促使众多学者对翻译活动展开整体反思，但现如今跨文化翻译仍旧存在一些问题。因此本书对跨文化翻译中的一些因素进行分析，并澄清阐释学与跨文化翻译之间的关系，重新从阐释学角度审视跨文化翻译。但是在这之前，需要正视以下三大问题：

第一，翻译时，译者和源语之间从属于不同的语言文化体系。对于源语，译者主要发挥阐释作用，而在这一过程中译者需要突破不同语言和文化的界沟，在“视域”上和源语作者保持一致。即译者需要考虑译文的可理解性及其历史性。

第二，翻译时，译者并不能单纯寻求译文和源语之间在意义、形式等方面的绝对对等，也不能凭借短时的灵感以及“科学＋逻辑”的范式结构生硬翻译。而是在理解的基础上，从哲学角度探究新的翻译思路。

第三，翻译时，选择哪一种翻译方法最为合适也是译者所面临的问题。哲学上认为理解与理解对象均客观存在于历史当中。因文本没有过多限制，所以不同理解者对文本会产生不同的理解，且这种理解是变化的。若此论断合理，则翻译标准必然不是一成不变的。

（一）对源语文本和译者关系的认识

源语文本和译者之间的关系并没有受到过多的关注，以往有关翻译学理论的讨论中也很少提到，而少部分所探讨的是源语语言和文字解读。所以，源语语言和译者之间的关系探讨应得到重视。

翻译时，译者和源语之间表现为跨文化的关系，其对源语文化其实处于一种未知状态。而若想完成对源语有效、完整的翻译，译者必须明确自身阐释者的身份，让自己融合到未知的源语语言文化当中，了解源语意义内涵。

跨文化翻译中的未知性对译者而言是一种挑战。译者若想达到与源语作者的“视域”融合，就要坚持“求同存异”的原则，即明确两种文化间的相同点、不同点，然后基于自身文化背景去探究目的语的文化内涵，跨越文化差异的界沟，融于未知的文化当中再开展翻译处理。这种方式所达到的翻译效果属于意义层面的对等，与译者理解能力水平相关，和源语言文本的意义形成动态性的历史对应，但翻译过程中依然会出现误读、误译的问题。

（二）对解读过程的深度思考

翻译这项工作具有跨文化含义，翻译工作者需要了解两种不同的文化，以及理解文化之间的异同。在跨文化翻译活动中，翻译者要先对源文本进行熟悉和理解，这是翻译的重要环节和步骤。在跨文化交流中，文化和语言的表达往往缺乏互通的方式，翻译者要在源文本的基础上实现文化的转化和融合，所以翻译工作人员在翻译的实践活动中需要重点关注下面几点：

第一，跨文化的内在含义不是停留在语言层面上。在翻译活动中，掌握一种语言并非对语言本身完全理解，这无关任何解释活动。由于人们已经生活在这种语言环境中，所以能够理解这门语言。译者需要在语言环境下对发生的事物进行阐述，帮助人们明确问题的根本原因。这种方式对于语言的学习而言是基础。人们可以在跨文化交流中学习和聊天，对源文本进行探索和研究。

第二，目前对于诠释学的认知与过去的诠释学存在很大差异。目前的诠释学不需要放弃诠释者本身积累的思想，只需要把自己放置在源语作者的思维中。对跨文化翻译者来说，在理解源文本的基础上，可以进行一定的深入和展开。翻译者将自己调整到与作者思想保持一致，或者充分融入源语文本中，把自己已经掌握的内容在源语文本的环境下诠释出来。

第三，跨文化背景下的翻译要求译者立足诠释学理论，从文化含义发展性视角对待各个翻译环节。这个过程是相对缓慢、无穷无尽的。尽管源语文本的内容可以被确认，也可以让翻译者进行复述，但是这样的复述在一定程度上不能称之为复述，因为跨文化阅读在思维上不是对过去的事物进行重复，而是参与、融入到译者文化中进行意义的解读。

三、跨文化交际与英汉文化翻译的关系

翻译者在翻译过程中，应掌握最基本的语言和文化知识以及翻译方式。若要对语言有更深层次的理解，需要学习语言所对应的社会文化。翻译者既要掌握语言相关的文化知识，又要对不同的文化做比较，掌握其区别。

文化差异使得交流和沟通在一定默契积累之下可以进行“编码”及“解码”，但跨文化交际是从不同的视角去审视不同的世界观、人生观与价值观，从而建立跨文化共识，最终促进不同文化之间的沟通。要想保证跨文化交际的顺利进行，必然需要进行翻译活动，跨文化交际正是在这样的翻译活动中得以发展的，且对跨文化交际的研究又为翻译活动提供动力。

（一）从跨文化交际视角审视文化翻译障碍

语言知识转换并非翻译的完整本意，文化融合也是翻译的要点。这在文化翻译中体现得尤为明显。英语和汉语作为两种不同的语言体系，其必然存在着不同。跨文化翻译需精准把握语境，对翻译材料的文化因素进行分析与调整，从而不仅能够将源语文本的文化色彩展示出来，还能够让目的语读者理解和接受。一般而言，在跨文化交际学视角下，其障碍包括以下几个方面。

1. 词汇的障碍

语言随文化的发展而发展，因生活习惯、文化、思维理念和语言心理等差异，各国家、地区与民族的人对于同一种物质现象的理解也会表现出差异性。其中，最明显的差异体现在词汇上，即内涵对等差异和语义场缺失。

语义场的空缺是指虽然英汉两种语言都反映了客观世界，但是在对其进行描述时，表达方法不同，这就导致出现了语义场词汇空缺的情况。简单来说，指的是汉语中没有与某些英语词汇对应的表达，英语中没有与某些汉语词汇对应的表达。

例如地理环境的差异会对词语构成产生重要影响。由于英国是一个岛国，因此英国人对于“船”是非常熟悉的，相关表达方式也比较多样，ship、boat、ketch 等均有“船”的意思。但是这些词语在汉语中并不能找到合适的对应。中英在地理环境上存在差异导致了词汇构成的差异。

词汇内涵的差异是指由于中西方在价值观念、文化等方面有不同，各民族对同一个概念的联想义也有差异。如英语中提到的 individualism（个人主义）与汉语中“个人主义”所表达的语义是不同的。在中国人的眼中，“个人主义”是一个贬义词，即一切从个人利益出发，将个人利益置于集体利益之上。而在英语文化中，individualism 并不是一个贬义词，反而被赋予高尚品质的含义，侧重表达个人对自我价值实现所产生的一些想法。

2. 语法的障碍

英汉不同民族之间因各自文化不同而表现出思维方式的差异性，面对同一事物，分别会从各自的角度进行审视，并采取不同的表达方式。如英语和汉语对于否定用语的表达有着明显不同，英语中有时用否定形式呈现肯定内容，有时用肯定形式呈现否定内容。在翻译这些句子时，就需做综合分析，从形式、内容上加以探究，真正理解句子所要传达的意义，再结合汉语语言文化进行翻译，实现与汉语表达习惯的契合。

3. 语用的障碍

语用意义往往具有较强的文化性。文化的差异使得人们的日常交际活动变得不同，风俗习惯的不同也会影响文化交流和翻译。如在问候时、电话通话时、交往时，所使用语言有明显差别。因而，译者需要了解语用层面的文化差异，这样才能保证文化翻译的顺利展开。

4. 文化语境的障碍

语言是交流的载体，在特定环境下才可以实现交流的效果。语境往往承载着一定的文化意义。如果脱离了具体的语境，那么人们就很难理解对方所说的话，也很难展开准确的翻译。因此，文化语境对于文化翻译起着制约作用。

一般而言，分析文本意义必须立足于特定文化语境，从相应语言文化出发才能快速获得完整的意义解读。但如果是在陌生的语言文化中，读者并不了解其具体的文化语境，理解就会有难度。

例 5：Unemployment, like the sword of Damocles, was always accompanying the workers.

译文：失业就像达摩克利斯之剑，永远伴随着工人。

（二）从跨文化交际视角审视文化翻译的实践

伴随着文化交流的加强和深化，翻译变成了一项跨越文化的工作和活动，翻译者要理解两种语言的基础语法、词汇、发音，并具备相应的语言综合能力。仅如此还不足以保证灵活地使用语言，翻译者还要对语言的文化和背景有一定认知，这样才可以具备跨文化的翻译能力。

各个民族对于社会现象的理解和认知有很大不同，这样的文化差异对于文化交流的发展有一定影响。在跨越文化的学习和探究中可以发现，参与交流的双方既要掌握本族语言，还要掌握对方的民族文化内涵，这样才能更好、更准确地理解对方的文化和语言，同时还需梳理好自己的思路。

当进行跨越文化交流时，为了实现畅通交流的目的，就需要翻译者弱化自身的风俗习惯。简单来说，译者应尽量避免使用民族色彩强烈的词汇，如果对方没有理解译者所表达的意思，译者有必要进行改写或者增加注释。

在跨越文化交流的研究中，需要一定的翻译规则。文化翻译需要保持动态与一定的可操作性，才能够更好地实现文化交流。跨文化的学科可以帮助译者站在文化的角度和高度去看待文化之间的差异，从而能够在特定语境下得心应手地表达与沟通。以下是跨文化学科的理论价值：

第一，利于词语组成，文本汇总和语言的宏观、微观语境。

第二，利于确切了解信息接收者的整体特点与个性特点。

第三，利于文字翻译、符号展示文化内涵。

第四，利于确定翻译标准是否适度、翻译技巧是否合理、翻译质量是否良好、翻译效果是否具有实效性。

四、跨文化英汉翻译中的归化与异化

翻译是人类了解他国文化的重要途径，而翻译的异化和归化是提升翻译质量的重要措施。尤其是对于跨文化翻译工作的开展来说，做好异化和归化更为重要。

文化差异是翻译中必然存在的因素，如何正确对待和处理该因素对翻译的影响，一直是翻译界广泛争议的话题，主要存在着“归化”和“异化”两种截然不同的观点。“归化”主张译文应当以目的语文化为中心，“异化”则强调以源语文化为中心。就翻译中涉及的文化转换方面来讲，因侧重点不同而分为两种方法，即侧重源语文化与侧重目的语文化。国内的杂志学刊发表了很多关于异化、归化的文章。其中涉及西方文学批评理论、比较文学理论所提及的相关观点，并在翻译实践中有所体现。文学的策略与文化艺术形态因素有效地融合在一起，再结合翻译技巧的运用，将归化和异化的争论纳入传统和经验的谈论范畴，能够从一定程度上促进翻译研究进一步发展。

（一）跨文化英汉翻译中的归化

1. 归化翻译的功效

翻译并非仅完成不同语言的转换，也在文化方面表现出深层交流。人类在漫长的历史长河中开展的生存发展活动，受不同地域、民族、文化、历史和思维方式等因素影响，从而形成了不同的文化属性，这也导致翻译工作的复杂性和矛盾性，同时存在不同程度的文化缺省和冲突问题。如 as white as snow 译为“白得像雪”，但“雪”这种物质并不是普遍存在的，因地理位置、气候条件等差异，有降雪现象的地域的人很容易理解其意思，而如非洲这种不存在降雪现象的地域的人们就很难理解其传达的意思。美国著名翻译家奈达针对这一情况开展了探究，并提出一种归化翻译理念，即“最贴近自然对等”。他认为翻译时要以译文读者为中心，从社会、文化两个层面对源语的表层含义、深层意义进行分析。

归化类译文在翻译中一直都是常见的，其指的是在确保目的语与源语使用度统一的基础上，在翻译过程中增加一些含有目的语语言风格的词汇，让译文读者在阅读时体会到源语本身想要以文字所传递的生动形象。如“龙”是中国神话中的一种物种，在英语文化氛围中，龙的形象却并不是那么友善，在具体描述中就是一种“怪物”：口能吐火、长有鱼鳞、长有鹰爪等。这就与中国的语言文化形成了较为明显的冲突，给翻译工作带来麻烦。针对此矛盾，有的译者采用归化翻译的方式，以 tiger 来代替 dragon。如将“亚洲四小龙”翻译为 Four Asian Tigers。dragon、tiger 都有强大的意思表达，这样的翻译与作者的表达意图更为接近，从而也方便读者的阅读和理解。

源语文化和目的语文化的矛盾冲突客观上造成了翻译工作难度的增加。而采用归化翻译的方式可以很好地实现语句通顺流畅，在忠实于原文语义的同时，也消除了读者阅读理解的障碍。例如著名翻译家霍克斯把中国的俗语“谋事在人，成事在天”译为“Man proposes; God disposes.”，就是出于对目的语文化因素的考虑，选择一种与目的语文化相符合的语言形式来准确表达语义。霍克斯巧妙应用归化翻译实现了东西方文化的理解和交流。

2. 归化翻译的注意事项

归化翻译能够较完整、准确地传达原文中作者想要表达的含义，但其却限制了源语文化属性和魅力的呈现。单纯地用 tiger 替换 dragon，导致外国读者很难明白“龙”在东方文化中所具有的地位，最终会阻碍读者对未知事物的学习和理解。关于翻译，中国著名文学家鲁迅认为归化需要把握、辨别国家之间的语言差异，认清其两面性的特点，在尊重原文情调的基础上确保读者的充分理解。在跨国文化交流中，这一翻译方式更加强调实用性，而忽略了源语所暗含的文化价值，因而未能展现出语言文化交流的价值，给差异文化的相互融合与理解造成阻碍。

（二）跨文化英汉翻译中的异化

1. 异化翻译的功效

在异化翻译中，译文所运用的表达方式通常是与原文相同的，目的是保留原文中的语言创作风格和文化魅力价值。异化翻译的性质和目的决定了翻译中必然会带有浓厚的异域文化特征，其必然会出现与目的语有着明显区别的新的语言表达风格，同时也展现出源语的文化魅力。通过对源语语言风格和文化特色的保留，不仅延伸了读者的阅读视野，也使其体会到更丰富、更有内涵的国外文学，有利于其深入把握译文所传达的内涵，同时可增进语言间的交流。

语言是传播、发展文化的关键支撑，很难不受外部因素影响。语言具有开放的属性，其本身就存在强大的容纳和汲取能力。随着国与国、民族与民族之间经济文化交流的逐渐深化，语言形式呈现丰富化的特征，这得益于异化翻译的作用。如 ivory tower 译为“象牙塔”，blue print 译为“蓝图”，soap opera 译为“肥皂剧”，又如“纸老虎”译为 paper tiger，“功夫”译为 kong fu 等。通过异化方式在目的语中出现的这些语言形式极大地丰富了目的语的表达形式。

通过异化翻译，可以将一些具有外国语言文化风格的词语生动形象地展现出来，并让更多国家的人民群众广泛接受和运用。语言从来都不是封闭系统，异化翻译的有效应用从某种程度上有利于语言的发展与进步。这些语言形式一旦在社会上被广泛接受，就会逐渐相沿成习，从而会被纳入传统语言文化系统当中，使语言表达形式得到进一步丰富，同时可增进不同语言之间的沟通交流，使语言的生命力得到不断的发展和增强。

在倡导全球经济一体化的今天，经济交流的逐渐密切会带动文化的融合交流。在此形势下，异化翻译对弱化文化差异带来的冲突起到了重要作用。主要表现在两方面：一方面可以向外国宣传该国的历史文化；另一方面也为该国人民群众对外国历史文化、民土风情的了解提供平台，从而促进形成文化交流融合的局面。

2. 异化翻译的注意事项

东方与西方在价值观念、思维方式、风俗习惯等方面所形成的差异，不仅取决于客观条件差异，也受到主观条件的影响。而正是在这样的差异下，人们对相同事物的文化内涵、情感价值也表现出不同的认识与理解。如“松、鹤、梅、竹”蕴含着中国传统文化的内涵，中国读者在阅读时所获得的直观感受和情感效果与外国读者的体会效果存在不同。对此进行异化翻译时，需不同程度地添加注解，从而使读者的阅读量、阅读负担增大，为读者进行阅读学习造成障碍，甚至会使其对内容产生误解。久而久之，就会降低译文对读者的吸引力。

（三）归化与异化英汉翻译的平衡点

归化翻译和异化翻译具有各自的优点和缺点，不应当绝对肯定一者而否定另一者。无论是出于翻译实践还是翻译理论研究的目标来考虑，贸然作出肯定或否定归化与异化的结论都是失之偏颇的。这也是在理论研究和实践应用中所明确反对的做法。其实，翻译实践和翻译理论研究存在的共同中心话题便是文化传播效度问题。在这个过程当中，译文读者在文化传播中处于中心地位，读者对文章的阅读理解最具发言权，对译者的翻译效果的评价具有较大的参考价值。所以，脱离文章来谈归化和异化的争论是没有任何意义的。

随着各国经济文化交流的不断深入和扩大，译文读者对接受外国新鲜文化、事物的能力也在不断增强，必然会使得对异化翻译方式的运用更加普遍，这也是全球文化发展融合的必然趋势。而与此同时，差异性不可能被完全消除，读者学习、接受外国的文化、事物需要一定的时间和过程。由于不同时代的人们接受外国文化的能力及所需时间都是不同的，因此，归化和异化之间的平衡点是随时代的发展而不断改变的。由此可以得出，译者要根据读者的需求反应来持续动态地把握归化和异化的平衡点。

人们要正确看待翻译中的归化和异化问题。首先，要对翻译策略（归化或异化）在具体文章中的应用进行合理的评估。理论上不求甚解，会影响翻译实践的应用效果；其次，在语言层面的异化或归化争论是被允许的，但这些研究的效果不能表面化，若根据一些例文、例句，根据简单的形象翻译就完成了文章翻译，会对翻译理论研究的学术权威性造成负面影响；最后，归化和异化的策略选择应与文章实际做到较好的结合，这也是翻译理论研究和实践急需解决的重要课题。因而，需同时着重翻译理论研究与实践研究，构建完善的翻译理论应用体系，使我国的整体翻译水平实现较大的提升。

第四章　英汉翻译的审美体现

不同于汉语，英语十分注重形态，即形式和内涵的统一。对文本进行翻译的过程虽然是转移文字的过程，但也要把握好目的语背后文化的民族特色和审美需求。值得注意的是，这里提到的审美不局限于字面意思，而是要结合目的语的民族欣赏习惯以适当的方式开展翻译。本章主要围绕英汉翻译的美学体系、英汉翻译中的语言审美、英汉翻译审美的主客体、英汉翻译中的审美再现展开论述。

第一节　英汉翻译的美学体系

一、英汉翻译美学的价值原则

语言离不开相对性，翻译美学亦复如此。因为相对性是人文性的普遍特征，尤其是价值观问题——涉及文化和美。价值观是一个经常被讨论研究而又容易各执己见的课题，“翻译审美价值观”也是这样。但价值观与价值原则并不是一回事。价值原则是指“指导”“规管”“约定”人们的价值观的若干基本准则，是观念形态的东西，不是指价值观本身。犹如在金融市场，每个人都有自己关于金融价值的观念，但每个人这样、那样的价值观念和活动不能不受与此有关的、成文或不成文的银监机构规则的规管和约束，不能只为获得自己心目中的“套现价值”就随心所欲。翻译也一样，翻译有翻译的价值观，但也有翻译的价值原则的规管。

就翻译美学而言，价值原则可以概括为“相对性原则”（principle of relativity）——这个原则就是目的语文化适应性，比较具体的说法就是目的语读者能否接受。

（一）关于源语的语言形式

翻译审美必然涉及两种语言的形式，语言形式必然涉及语言文化。源语和目的语之间可能有许多很基本的“家族相似性”，例如印欧语与印欧语之间的“家族相似性”就比非印欧语（例如汉语）之间的“家族相似性”要多得多、明显得多。其异同之处体现在：①文字系统；②语言形体美设计，即文字体系上的形式美修辞设计；③语音形式及变式上的审美修辞设计（如语音、音韵、节奏、格律等）；④句法结构的形式、变式审美等。例如李清照的“寻寻觅觅，冷冷清清，凄凄惨惨戚戚”。亦有译者刻意模仿，其中当然也有不错的对应式，至少是有意义的尝试，但没有一种可以称得上能与源语的感人诗意相媲美。

（二）关于源语的语义内容

语言中的意义对翻译而言当然是非常重要的，“忠信”（意义上尽可能贴近原文）是一条基本原则。特别是在正式的公文（如外交照会、法律条文、国际协定、合同意向或条款）中，词义要求严谨确切，绝无语义含混之处，自是必然。但就一般文本而言，在文化语境的制约下，意义常有一个“相通不相通”的问题。

典故、俗语、双关语、幽默语常常是翻译中的难点，问题出在两种语言的意义不相通上。这时拘泥于字面意义是毫无意义的。有一条所有的译者不可不知的审美原则，即译者必须破冰而入，领悟原文意义整体结构的最深层。文字只是一串常常迷惑人的符号——或者叫作幌子，完整准确的语义大抵都隐藏在最深层。

（三）关于文化审美观念

文化观念是相当复杂的事情，文化审美观念则更难把握。简单化的“二元对立模式”（如“归化”VS“异化”，“直译”VS“意译”，等等）根本不能解决问题。例如中西方对“龙”的看法就大相径庭。“龙”是中国人熟悉的意象图腾，历史久矣。它的象征含义也各有解释，要在全世界华人中废除龙的象征意义和图像是不可能的。在这种情况下就不必迁就他人，因为文化有个很强烈的传承属性——民族思维和活动的主体性。但无论如何，人的审美观念和手段是可以优化、调节乃至完全转变的。例如中西方对“红”与“白”的审美寓意原本也差之甚远，现在已有慢慢接近的趋势，如“中国红”近年就经常出现在西方的节庆日中。人的处世原则当然不应左右逢源，然而人的审美原则确实还是能左右逢源（灵活机动性、随机调节性）一点为好。语言中的文化审美观念及其表现和陈述方式，必须充分考虑目的语读者能否接受。在功能对等的同时，先充分考虑源语民族主体性的美之所由、美之所在，慢慢扩展和提升自己的审美观。

（四）关于“意”的把握

在中国哲学和美学中，“意”是一个复杂的审美心理范畴，包括意义、意象、意境、意蕴等，其语义涵盖感性和理性。人类最初始形态的“意”是“意识”。对“意”的把握和表现是文学语言文化审美的难题之一。不同语言中有很多不同的文学描写手法，但是深层意蕴几乎脉脉相通。“水是眼波横，山是眉峰聚”，中西仕女皆然。虽然各民族的语言文化之间有着一定差异，但各民族人民对其意境、意象和意蕴的理解通常都有着相同性。例如唐代的李益写过两句诗“开门复动竹，疑是故人来”，对景物描绘之真切，对故人期盼之深切，其中蕴含的意象、意境、意蕴实在很美，东西方的人读起来都会觉得非常清雅，又很写实。

英语里也有很多这种意蕴深刻的句子，中国人读起来也觉得很有味道，例如“Good friends are like stars, you don’t always see them but you know they are always there.”（良友似恒星，虽不见，常在心），讲得很淡静，但意蕴很深，“实”中有“虚”，使人印象深刻。但与此同时，有些情形就远远不是这样了——有时中国人认为“虚”中有可贵之“实”，“实”中有可贵之“虚”；而西方人则认为恰恰相反。例如，中国人讲究忠孝之道，常有怀乡、思乡之情，强调知恩图报等，这些都被中国人公认为是积极的伦理观念和情操。但西方人常常不以为然，看不到“实”中之“虚”或“虚”中之“实”。其实这都是文化价值观上的差异，容许各有千秋。中国人的许多观念源于大陆农耕文化，而西方很多观念则源于城邦文化或岛国文化。中西方艺术价值与观念价值“脉脉相通”之处其实很多，但也并不相同，甚至相悖的地方常常有。译者只能把握“相对性”，善于进行换位思考，以虚实相权、择善从优的对策思想，作出有助于文化传播的阐释和转换。

二、英汉翻译美学的学科模式

综合性、跨学科性是翻译美学所呈现的特点，虽然其属于新学科，但其发展起源是较为久远的，与翻译活动同步。

自古以来，翻译过程中都不乏美学的体现，二者相互交融许久。东汉时期所谈论的翻译审美被称为“信言”和“美言”。翻译美学具体是指在翻译过程中不仅追求文字、意义转换，也强调美学模式的运用。除此之外，语言学模式、学术翻译模式、文化学模式等都是其基本的模式类型。

翻译美学模式应该是翻译学基本模式中的内核模式，次之的语言模式给予美学以支撑。翻译美学是对翻译学的原理、操作原则和发展策略等运用美学理论进行阐述。从研究内容来看，美学主要是对人类感性认识所开展的研究，理论占比较少，但依然表现出综合性。不仅从审美方面进行判断与理解，也从经验方面强调实践与实用，翻译美学就是在此基础上与翻译学说相融合的。翻译美学一方面关注审美的感性认知对翻译的作用，另一方面关注审美判断和理解对翻译的引导。整体而言，相关研究中还需继续深入探讨其理论实践性，在更多的实践中去验证理论、阐述理论。

翻译美学就翻译学视域而言有着本体论的特性，因而其并非翻译学的附属或附加，而是中国翻译学中的内核模式。

三、英汉翻译美学的研究策略

（一）翻译美学的研究方式

研究翻译美学的方法有两种：其一是依照美学理论中的系统序列进行探

究，本方法不太适用于翻译研究，不作讨论。其二是依照翻译美学要求，对翻译学习者的能力水平、目标方向进行研究。

1. 翻译的研究

（1）先明确其目标，即语言审美追求是什么、语际转换审美理论需要什么，然后对中方美学理论和西方美学理论开展综合对比分析，区分各种有关美学的差异，在其基础上结合实务选择合适的研究课题。

（2）从译学需求出发以全面、深层地探究美学为目的选择合适的课题，这能够实现整体性的观照美学，满足基本翻译的需要，还能促使译学的相关研究者逐步稳定地把握好美学的认识论、方法论意义，以及在不干扰翻译学系统性的基础上对美学本体论形成进一步的认识，达到译学与美学相互照应、补充的目的。

（3）翻译美学研究中将观照译学作为根本目的和目标，以美学认识论和方法论为依托，即“体”为翻译，“用”为美学。此基础上的终极目标是结合翻译实践与审美理论构建翻译美学，并非借用翻译研究美学。

2. 美学基础的研究

（1）中西美学理论是美学基础研究的根本，在这一基础上进行课题研究的布局设计，虽然能够突出整体性的美学理论体系，但不能满足翻译学基本理论的需求，也不能确保其系统性。

（2）美学理论很大程度上会影响语言审美实践这一翻译美学的核心课题的相关任务研究。虽然美学理论了解较多，但从审美理论角度评估语言美，以及开展翻译，还是存在一定挑战的。

（3）翻译审美的目标较难实现，且习得的知识能力无法保证。这很大程度上缘于中方和西方的美学所探讨的课题类型较多、范围较广，无法顾及全部。

（4）实际上翻译美学的本体论意义是不如其认识论、方法论意义的，从本学科延伸到相关学科的过程中必然会出现“本位功利观”，而其“利”是很难量化评估的。

（二）翻译美学的研究方法

翻译美学属于新的学科，选择合适的研究方法对其发展非常重要。

1. 审美理论研究要紧跟时代步伐

在基于语言审美对翻译美学进行研究时，要做好预备学习，即研究者本身对中西美学基础知识要尽可能全面深入学习，有针对性地进行相关美学知识的阅读学习，强化美学基础。就翻译而言，理论与实际的融合是重点，这里的实际当然是指翻译中的语言审美实际。从翻译审美的角度看，翻译中可能有以下实际的译语审美方面的问题：

（1）怎样判断一个词美不美，有哪些标准可循，语感是否可靠。

（2）怎样判定这个句式比那个句式更合适。例如，在哪种情况下被动句式比主动句式更合适，涉及哪种审美问题。

（3）怎样保证语言的效果。如何判定用这种口气翻译这段话比用那种口气更有效果。例如，原文用第一人称，译者却把它改成了第二人称，是出于哪些原因。

（4）怎样表现一篇文章里蕴含的情感；读了译文，感到译者没有把原作者的欢快、喜悦、哀愁、悲愤等充分地表现出来，其失误在哪里；打算怎样重译。

（5）怎样决定一篇译文的翻译风格，翻译风格的选择有哪些原则。

作为译者，必须解决诸如此类的语言审美问题。这时，需趁热打铁，阅读理论书。经验证明，这时候通过阅读理论书找到的理论解释，记得牢、看得准，让人豁然开朗。总之，要坚持以语际语言审美为导向，围绕学以致用的需要进行研究。

2. 通过相关性选择研究课题

在美学理论研究中，“相关性”和“选择性”是经常被提及的。“相关性”指的是美学理论中和翻译学相互关联的部分。对有联系的部分要进行比较后再选择论点，其中翻译意义最大化是关键。同时还要把握以下几点原则。

（1）启发性。从字面上来看，美学理论较为抽象，缺乏操作性，而其启发性是不能忽视的，翻译过程中要加以重视。

（2）类比性、类推性。一些美学理论与翻译理论差别可能较大，如有关审美标准和翻译标准的讨论，而从美学理论角度对其进行阐释能够为翻译学的研究提供帮助。

（3）改建功能。部分含有深刻意义的美学理论能够纠正一些人的片面认识。如中国文论一向认为“模仿”（Mimesis）不足取，而西方美学传统则素来重视模仿的意义。这就可以引导中国美学“再思考”对模仿的偏颇态度；中国美学中的“意象论”“意境论”也给西方很多大师以启示，对诗歌艺术进行“再思考”。

（4）较强的适用性。翻译学研究中可参考部分具有实用性和操作性的美学理论。

3. 坚持在翻译实践中学习翻译审美

相较于美学理论，语言审美更适合于翻译美学的研究，有效且科学，具有一定规律性。

实践是翻译的根本，语际转换实践和理论探究是翻译学的根本。翻译审美是在语言审美基础上派生出的一种活动，语言审美的过程和成果塑造了翻译之美，但这不属于美学理论。美学理论不仅对理解予以优化，而且对表现和接受予以优化，因而研究翻译美学将语言审美作为起始点更为合适。翻译美学与美学在研究内容上有着一致性，均重在感性。为提高语言的美感，学习者应采取双语对照方式对相关范文加以深入研究和分析学习。

4. 坚持描写主义理论研究与发展

实践是真知的根源，实践经验的获得是过程性的，且其过程是具有开放性的。对于语言审美的描述以及对于语言优化的相关探讨中，翻译美学的研究态度应保持求真务实，从语言文化现实出发分析总结相应的优化规律。同时，基于整体视角，翻译审美理论也需严格依照描写主义原则进行体系和学科的构建。为此，研究要点包括：一是需理清语言审美的普遍性、特殊性，对常规的与特殊的实例进行谨慎的分辨、分析；二是明白文化审美的价值是随时间、时代发展而不断变化的，要树立正确的审美价值观；三是需从客观角度结合历史实际对美学理论的相关性、权威性进行审视。当前，无论是中方审美理论还是西方审美理论，其均是由审美经验所发展形成的，审美经验又是在开放过程中逐渐积累而成的。因而对于已有的中西方美学概念不能形成思维定式，应认识到其动态性。

第二节　英汉翻译中的语言审美

有语言使用就有语言审美诉求，有语言审美诉求就有语言使用的规范。于是，语言运用（当然也包括翻译）就有了一个谁也无法回避的交汇点——语言审美。实际上，人类自从开始非原始形态（或“后原始形态”，Post-primitive）的语言使用，就有了语言审美。从表面上看，语言使用只是句法生成的结果，但实际上，句法生成（Syntactic Generation，简称 SG）离不开语言审美优化经验的“终端认可”，人们称之为审美认证（Aesthetic Attestation，简称 AA）。人类语言的审美认证，源于经验即行之久远的“约定俗成，”即语言“真善美”的规范。于是 SG 与 AA 之间的关系，就如同“骨”与“肉”之间的关系，这种关系就是古代希腊哲学家所说的“语言生命力之源”。例如：句法生成（指按核心句生成）离开了审美优化（意义审美 + 形式审美），则是句子不合格，属于毫无意义的“语言非人文”表现式。

“句法”与“意义”二者相比，起决定作用的还是意义。语言生成与语言审美（意义的“真善美”）应该是永远相随相伴、相辅相成的。

一、英汉翻译中语言审美的强调性

（一）语言审美是学习主线

语言美学问题千头万绪，应紧紧抓住语言审美这一切入点，从文字结构、语音结构、词和词句层面、语段和篇章层面以及超语言层级对汉英两种语言的美进行层层扫描和分析。这种从“实”入手的方法，保证了翻译美学理论学习的实践性和可操作性，便于读者从语言的感性认识出发，全方位理解和感受语言之美，并逐渐形成自己的语言审美观。人的审美领悟始于也基于审美经验，因此从语言审美切入，也非常符合美学的基本科学和翻译学作为经验科学的原理。

（二）关注语言审美与翻译审美的价值需求

关注语言审美是本书的基本特色，这也是翻译美学的教学是否成功的关键。与此同时，一个与语言审美关系最密切的理论问题，即审美价值观论，非常值得关注。价值是一种关系（主体需求 VS 客体满足），是客体条件相对于一定的主体诉求而言的，因此它是具体的、有条件的。具体来说，审美客体客观存在的美必须通过观察、分析、建构审美主体来确定其价值，这种价值因审美主体需求的不同而不同。

（三）使用不同方法突出重点

语言审美问题比较复杂，常常不易一蹴而就，因此不得不采取曲径通幽的方式。从不同角度审视，如翻译的“文采论”，翻译的“审美价值论”，意象、意境、意蕴和审美表现中的“择善从优”对策论原则等，应采取分散与集中相配合的办法，针对不同的文本采取相应的方法。

（四）坚持描写主义理论

坚持描写主义，不开“处方”，不定规则，而是以求实的态度直面翻译中的语言现实和人的审美现实，给读者和研究者提供思考的途径和运筹操作的策略。翻译审美始于语言审美，成于审美表现，是理论与实践的高度统一。现代生活发展很快，语言现象层出不穷，人们对美的要求和美的表现方式也必然在不断翻新。因此翻译美学理论体系永远是一个开放的体系。只要翻译实践还在继续，翻译审美就必然如影相随。人们对翻译美学的诉求、审美研究课题和目标的更新，也要求人们不断转换思维、不断突破陈规以求创新，以便承担和解决源源不断出现在人们面前的新问题。

二、英汉翻译中语言审美的普遍性

人们有一些普遍的误解，认为“语言审美是文学翻译的事”，不做文学翻译，不翻译诗歌、小说、散文、剧本等就不必花心思和时间去研究语言的

“审美”。当然，这样想并不是完全没有道理。文学翻译的审美要求确实比非文学文体要高得多。语言是人的高级认知活动，语言有语言的“法度”（也就是规范），而所谓“法度”就是不同程度或层面的语言优化——语言审美。

第三节 英汉翻译审美的主客体

翻译审美的主体，一个是译者，另一个是读者。翻译过程中译者为主体，负责对文本进行翻译，读者不参与。译者的审美认识对原文的价值是否能够在译文中完整保留有着关键影响作用。译文审美价值的呈现除了与审美主体相关之外，也与审美客体的审美构成有关，当审美主体和审美客体在审美层面的认知达成了一致，其所呈现的翻译审美效果才更好，才能获得读者的认可，才称得上是高质量的译文。也就是说，翻译过程中审美客体的审美功能是审美客体重现的基本要素。①

一、英汉翻译审美的主体

（一）英汉翻译审美主体的条件

审美主体的条件，指审美主体具备的能力、素养和发展潜力。在翻译审美要求下，汉英互译过程中，译者必须拥有语言艺术的相关丰富经验。艺术气质包括先天和后天两种，关键在于后天培养。以人天生的审美意识为基础，结合理论和经验进行培育，在加强培育力度的过程中其审美艺术品位自然就会得到提高。

人的审美心理结构是后天建立的，包括智力、意志和审美三种结构。其中智力结构与意志结构表现出理性特点，审美结构则兼具理性与感性以及经验性特点。审美结构中的艺术气质，通常可通过三个方面进行加强，即知识和教育、人文环境的熏陶、文化艺术的亲身实践。

① 常燕．英语翻译多维视角新探 [M]. 北京：中国水利水电出版社，2016：155.

审美经验的积累与审美心理框架的确定构成了翻译审美心理，它需要对源源不断的审美信息进行加工，而且还需要将以往的审美判断作为参考。翻译审美主体的形成，必须以审美经验的积累与审美心理框架的构建作为基础，这样才能形成审美能力的根基，才能更好地发挥出各种能力，进而发挥校正、引导和指引的作用。

1. 英汉翻译审美能力

审美能力有“才智”“智能”之意。如果翻译主体具备翻译基本条件，但其审美能力较弱，那么其所进行的翻译审美活动就很难获得有效成果。

认知能力主要就是智力。人的智力是多重的，不是单一的，包括语言、音乐、肢体运动、空间、人际、逻辑数学、内省、适应自然等八方面的智力。审美能力并非完全被这些智力所覆盖，审美能力也不完全属于智力的范畴。

（1）审美能力的特殊性。人体智能结构中的特殊能力是其中的重要组成部分，其自然基础是脑功能、感官以及神经系统等生理机制。这需要审美者在后天的生活中以及审美实践当中，经过不断地学习和训练才能形成。这是接受审美信息、传导审美信息、储存审美信息、处理审美信息、加工审美信息、转换审美信息以及再生审美信息的一种能力。

（2）审美能力的统一性。这种统一性主要指的是形象思维能力与抽象思维能力的统一、创造能力与认识能力的统一。这种统一性包括人们对于审美对象的记忆、感知、判断、理解以及推理等，其基础是足够的审美经验、丰富的相关知识、健全的审美结构。

（3）审美能力的表现形式。审美能力有一种直接的表现形式，那就是审美鉴赏力，也就是审美主体对于美的敏锐性，对于情感活动的能动性，还有对于美的判断、理解以及分析的精确性。具有较高审美鉴赏力的人能够深刻、迅速而完整地把握好审美对象的特质，并且对这些特质进行精准解释与描写。培养审美能力的同时也能够打造较好的艺术气质。

2. 英汉翻译审美感应力

人们对于语言的理解能力直接受到语言感应能力的影响。在对文本进行翻译的过程中，感应审美信息的能力是至关重要的。所以“语感”也被视作是“语言直觉”。审美感应力一般体现在以下几个方面：

（1）解码语义信息的能力、解释审美的能力和掌握后续的能力是理解源语文本审美信息的基本能力。因而把握意义是语感的关键，当对意义把握不够精准时，语感也就无法保证与语言符号所传达的语义相符。

（2）敏感性是优化译文语义表现的关键。

（3）审美态度的形成初步表现为心理活动，而其心理活动的开始受语言审美感应力的作用，同样的，审美感性之所以可以延续，也受语言审美感应力的作用。翻译审美中所涉及的语言感应力实际上就是与语言审美相关的一种自觉性，翻译审美的对象就是原文文本和最终的译文文本。审美主体的态度会被审美的直觉性激活，并且当审美主体的审美进入到理智层面时，也会受到直觉的驱动。

3. 英汉翻译审美想象力

译者必须具备的审美条件是审美想象力。艺术创造离不开在虚拟世界中的感悟、超脱现实框架制约的现象呈现或意象构建。审美想象力的来源是天赋与审美经验，尤其是审美经验，而经验需要积累。

试读以下段落。这个语段取自美国作家、文学评论家爱默生写的著名散文《谈美》：

But this beauty of Nature which is seen and felt as beauty, is the least part. The shows of day, the dewy morning, the rainbow, mountains, orchards in blossom, stars, moonlight, shadows in still water, and the like, if too eagerly hunted, become shows merely, and mock us with their unreality. Go out of the house to see the moon, and 'tis mere tinsel; it will not please as when its light shines upon your necessary journey. The beauty that shimmers in the yellow afternoons of October, who ever could clutch it? Go forth to find it, and it is gone; 'tis only a mirage as you look from the windows of diligence.

译文：人们感觉到或是看到的那些美，在自然界中实际上是微不足道的。例如白天和黑夜的更迭，例如日月的交替，清晨散落在叶片上的露珠，山间的一弯彩虹，还有那些硕果累累的果园，在月光下闪着波光的湖面。如果刻意去追求这些，就会显得造作，看到的种种美景就像幻觉一样，如同受到了一种戏弄。推开门去欣赏月亮，而月亮却是一个铜镜，根本无法感受到月光带给我们的愉悦与欣喜。十月深秋午后的那种熠熠之美谁又能把握得住呢？欲去捕捉和感知，却又飘然逝去！坐在马车的车厢里向外张望，一幕幕的景象如同海市蜃楼。

源语话语的理解以想象为基础，原文中所呈现的虚构画面是其想象形成的前提，读者阅读时据此“看到”原作者所说的一切。译者需要把握原文意义的意象化、意境化，再将意象化、意境化的意义用目的语表达出来，才能使译文展现同样的意境。想象在翻译中的作用具体体现在以下几个方面。

（1）根据源语文本描述，使读者在脑海中“描绘出”特定的场景、画面、情节、过程、事件、人物等。

（2）让译者在理解所描述的源语文本的基础上弄清楚文字所指的明显含义与潜在含义。

（3）让译者在理解所呈现的源语文本的基础上精确判断、把握语言文化方面的特点，关键是分析辨别出原作者与译者之间的文化差异。

（4）根据原作者的思路与想象，进行翻译想象。但这种想象是相对的、有选择的，译者不可能不受到语言文化差异的影响。

想象的表现形式之一是联想，之所以能够产生联想，在于记忆的支持。有了记忆，人就会产生丰富的联想。人们经常会将联想错认为无序的一种思维，实际上，联想是一种有序的思维，它有着自己特定的路径，感知就是联想路径的起点，对比、推导、模拟等是其常见形式。通过联想能够深化理解，当译者掌握上述常见的联想形式后，将其融入翻译实践中，就可以使翻译得到拓展。

联想是想象的一种形式，其本身有形象完形作用。联想在画家所作画作中、诗人所作诗词中以及作家所作文章中发挥功能性作用，帮助其完成未能完成的部分，让画作、诗词和文章等完善、完整与饱满，充满艺术魅力。下面以莎士比亚悲剧作品《李尔王》中的语段为例：

Poor naked wretches, where so’ er you are，
That bide the pelting of this pitiless storm，
How shall your house-less heads and unfed sides.
Your seasons such as these?

试译：

衣不蔽体的不幸者啊，无论你们身在何处，

都要忍受着这无情的暴风雨的吹打，上无片瓦，

加上饥饿的煎熬，衣服破烂不堪，你们，

你们又怎能抵挡住这风风雨雨？

解析：这一段文字之所以能给予人直击心灵的震撼效果，是因为在阅读过程中它能够激起人们的联想：会想到刚刚或以前所看到的流浪的人，会想到那些在暴风雨中受苦受难的人，同时也会想到各个地方的、年长或年幼的以及身体健全或残缺的各种各样的流浪的人。

翻译时，译者应巧用“再现性想象”。原文中会涉及各种场景、事件以及人物，在翻译时需要进行遣词造句，这时译者就需要对这些内容进行想象。例如汉语中通常会说“一艘船”，但翻译时就需要作出判断，是邮轮、渡船、木船、小型的平底船还是小型的帆船？如“夜半钟声到客船”，此“船”所指的含义就需要译者加以判断。

翻译想象需要遵循三个原则：一是要抓住原文中的一些特定描写；二是要抓住原文对于整个背景的特别交代，尤其是通过场景给出的暗示；三是要充分注意不同语言间的文化差异。想象要在文化适应的范围内进行，推断要准确、要慎重。

4. 英汉翻译审美理解力

翻译学中的“理解”，把“意义把握”划分为不同层级，包括基础、中介和综合三个层级。从语言哲学角度而言，其指的是语言符号所指代的用意，包括暗含的、引申的和联想的等多种意义。翻译美学中涵盖的意义把握同样是此意义。

第一，基础层级。对文本的理解，即能够完整理解整个文本所呈现的字面意义以及各段、各句、各词所表达的意义等。

第二，中介层级。对文本的深层理解，即在理解文本语言结构基础上对其超语言结构的意义实现理解和把握。

第三，综合层级。对审美的理解，即同时理解文本、深层文本和审美，完整把握其文本内容的逻辑性，掌握其各种意义。

翻译的理解必须达到第三阶段，通透地理解了源语，才可以进入翻译表达过程。

审美理解属于“整体理解”，所以是一种高层级的理解。审美理解具有特殊性，是理性和感性的综合，是审美主体对艺术的一种领悟和认知。

翻译审美是由主体所具有的理解力决定的。主体所具有的理解力是其对于语义以及相关信息的一种认知和理解，同样也是对各种审美信息的一种理解。以下是翻译审美理解最为显著的特性。

（1）感知性。这对于翻译审美来说是一种非常重要的特征。审美理解源自感知，而感觉又在感知之前，感知要高于感觉。具有更强敏感性的人也能更深刻、准确而迅速地达成理解。艺术的表象中最重要的是对于感知的一种提升、深化、集结。对于艺术意象来说，表象是原生态的，也是一种雏形，感觉是这一切的源头，感觉的最终指向必然是感知，是对美的一种特殊感应，这就是美感。

客观事物会对人产生刺激，人会相应产生反应。与感觉相比，感知更加复杂，也更加完整，是对事物的一种综合性的判断，是对整体事物的一种认知。所以感觉与感觉的简单叠加并不会构成感知，而是需要形成新的品质，需要具备发展的动力，在翻译审美中就反映为审美的经验与态度。

以普里斯特莱这位英国著名的散文家的作品《初雪》中的语段为例：

The first fall of snow is not only an event, but it is a magic event. You go to bed in one kind of world and wake up to find yourself in another quite different, and if this is not enchantment, then where is it to be found? The very stealth, the eerie quietness, of the thing makes it more magical. If all the snow fell at once in one shattering crash, awakening us in the middle of the night the event would be robbed of its wonder. But it flutters down, soundless, hour after hour while we are asleep. Outside the closed curtains of the bedroom a vast transformation scene is taking place, just as if a myriad elves and brownies were at work, and we turn and yawn and stretch and know nothing about it. And then, what an extraordinary change it is! It is as if the house you are in had been dropped down in another continent...

译文：初雪是一件非常大的事，并且还十分魔幻。睡梦中自己身处于一个世界当中，而醒来时却身处于另一个陌生的世界。这些都足以让人沉醉，否则就无法再找到更加沉醉的人了。所发生的事物很神秘，初雪更显出了它的神秘色彩。如果雪是大张旗鼓地落下，足以惊扰人们的午夜梦回，那么惊喜也就不存在了。而这场雪却趁着人们熟睡之机，徐徐地、无声息地落下。窗外的世界发生了天翻地覆的变化，就像被施展了惊人的魔法，人们翻动了一下身体，懒懒地打了呵欠，缓缓地伸了懒腰，对窗外发生的一切还全然无知。但是这种变化是巨大的，人们的房子似乎掉进了雪的世界里！（佚名）

在作者看来，初雪是一件非常大、非常奇妙的事。他对雪的描述显示了一种体验。读者不必对他的描述进行分析和解析，只需要以一种感性的状态向下读。将理性把握和感性把握结合在一起就是审美理解，并且理性是由感性来引导的，这样才能够达成理解。

（2）直接性。其来源于感知性，当一种东西或事物被感知后，它会令人进入一种理解的状态，也就直接进入一种认知的过程当中。例如《诗经》中出现的对景物的描写："昔我往矣，杨柳依依；今我来思，雨雪霏霏。"以感知直接产生的印象为依据所创作的诗句，作者并不需要添加任何文字性的说明，就可以直接达到那种审美的理解。

绘画最能体现出审美理解的直接性。例如油画《早餐》是著名画家莫奈的画作，他借助转瞬即逝的光影效果来体现事物的影像，对于这种印象主义的画作以及体现于其中的艺术理念不难理解：内在美会受到外在美的指引。再如当人们面对着徐悲鸿大师画的马时，就会感受到一种难以被束缚的力量，他绘出的不仅是简单的几匹马，而是对一切旧事物的奔离和挣脱，是对新事物的追寻和向往。

（3）多维性。正因为审美对象具有多样性，因此审美理解力也具有多维性。这种多样性主要包括：既有个体又有群体，既有模糊性又有确定性，既有感性又有理性，既有表象又有本质，既有形体又有内涵，既有形式又有意义等。因为审美对象本身所具有的审美结构具有不确定性，所以审美主体在理解审美对象时也会产生多元化的不同认识。正因为审美对象具有多样性，所以审美主体所表现出的理解力也是多维化的，最终使得翻译审美理解能力更加复杂。

（4）复杂性。这种复杂性指的是审美对象是复杂的，审美的理解能力也是复杂的。审美理解力包含：一是有效把握语言结构；二是有效把握文本的意思和蕴含；三是有效把握文本以及超语言的含义；四是有效把握文本审美的具体结构。这种复杂性还包括审美对象的复杂性、理解过程中具有的反复性，而且还会出现相互交织的情况。对复杂事物的理解是一个渐进的过程，无法做到一蹴而就。此外，审美理解过程也表现出复杂性。在心理学研究和认知心理学研究中，均对此有相关探究。

翻译过程中涉及的“理解”指的是对意志、情趣、审美的全局性把控。要想顺利完成这个任务并不是一件易事。审美理解过程是十分复杂的，大脑获取来自外部的感知、感觉后进行分析理解，是一个自下而上的过程。这个过程还包括自大脑向感知和感觉系统传导的过程，从而完成对事物的理解的过程，这个过程是自上而下的，具有“反复性”。

5. 英汉翻译审美情感操控能力

审美的情感操控能力是艺术家所特有的审美情感，特点表现在：

（1）审美心理的其中一种形式就是审美情感，这种情感是经过了长期的社会实践以及审美实践所产生的，是大脑特有的功能。

（2）审美情感具有一定的审美价值以及效用。审美情感需要有一定的客观基础，那就是审美主体的需要以及审美对象所具备的审美物质之间的价值以及效用关系，这同样也是实践活动与现实需要之间的价值和效用关系：审美主体特有的自我意识会因审美对象的作用而被激发出来，审美主体在对审美对象的价值进行评估的过程中会产生情感方面的体验以及相应的情感表现。

（3）审美主体与审美客体之间以及审美的内蕴与外感之间都会产生相互的作用，在此基础上审美实践的效果与目的会被统一起来，并且与人的理智以及道德交织在一起，建立起相互推动和制约的关系。审美情感是自发存在的，也具有自控性，还能进行转换，可以对审美对象产生作用，并且对审美对象的情感产生影响。同时还能对他人产生作用，引发审美主体之间的情感共鸣。

（4）这一复合体具有多种层次、多个维度，情感类型丰富多样，这些情感类型的层次还有着不同的深度与强度。由于有了情感层次的各种变化，人的情感色彩也变得更加丰富多样，且更加复杂。所以人类所创造的艺术品才会显得精彩纷呈，而且不会重复。

（5）具有全程性。审美情感处于直觉阶段时，就已经有了情感的融入。随后的想象以及理解阶段同样有情感的注入，这是开展审美活动最大的推动力，也使得审美主体的个人意识变得更具多面性。当审美活动进入终端阶段时，情感就表现出了更强的定型功能，所以有不少美学家会认为“情感表现”就是“审美表现”。

6. 英汉翻译审美创造能力

审美主体所具备的关键能力之一就是审美创造力。审美原创是审美活动的最终目的，所以很多人认为审美能力的高低与功力需要凭借艺术原创力来进行衡量。审美原创能力的来源具体有以下几种。

（1）激发于审美态度，以情感、情志和情致为驱动。由于有了审美经验的推动、审美体验的激发，审美主体会与客体进行对话，将自身所获得的艺术意象以及内涵加以聚集。当累积到一定程度，主体与客体的对象就会产生相应的结果。

（2）审美客体对主体的激发。要想激发出审美主体自身的审美意识，调动其情感的波动，引发其审美的积极态度，审美客体的促进作用必不可少。

（3）审美主体的想象能力，实际上正是客体对主体的激发在后者身上产生的反应。

（二）英汉翻译审美主体的特性

“翻译”是跨语言文化所开展的文化认知活动，其由翻译审美主体所完成，表现出如下几种审美特性。

第一，积极的审美态度。态度源自理性、源自观念，所处的环境、时间、地点，面对的对象都会始终对人的态度产生制约和影响。

第二，敏锐的审美判断。主体在对客体作出判断时，必须与审美的物质相符，分析也要做到客观理性，这是对审美判断提出的需求。对语言所进行的审美物质的理性分析实际就是对意义的分析。因而把握精确语感的前提是准确理解其意义。只有通过后天的积极努力，才能获得审美判断力，语言相关的审美判断尤其如此，必须进行语言审美和素养的专业培养与训练。只有具备了足够的审美经验，才能拥有敏锐的审美判断，要想对语言之美具备足够的感知能力，需要经过异常艰苦的体验和习得过程。

第三，开放的审美意识。审美意识是翻译主体的另一关键特性，这是一个与心理相关的系统。意识是人脑的一种特殊机能，是高度发展的。从哲学的角度来看，意识同思维属于相同的范畴。按照心理学的概念，意识是一种自觉的特殊心理活动，其中包括情感、思想以及意志。审美意识系统可分为三个子系统，这三个子系统能够显示出审美取向：一是“知”，这是一种认识的过程，从审美意识上来看，可以表现为记忆、联想、知觉、表象、想象、感觉、分析、综合。二是“情”，这是一种情感体验的过程，从审美意识上来看，可以表现为情绪、心境、心态、共鸣、移情、反感等。三是“志”，这是一种意志，从审美意识上来看，可以表现为使命感、目的感，也是一种毅力与决心。翻译审美的成功与否，是由审美意识系统的功能是否完全发挥决定的。

第四，灵活的审美表现对策。完全相同的事物在世界上是不存在的，文本也都有着各自的表现手法和风格。有的语言淳朴，有的语言典雅，有的语言充盈，有的语言清淡，有的语言含蓄，有的语言明净。人们能够感受到铿锵的声韵之美，也有铺陈的平淡之美，这些美都被称为美的价值类型。在写文章的过程中，作者要懂得变通。翻译的过程中还要对各种不同文体的文章进行处理。不同的文体在相同的审美标准下存在差异。相对于形式而言，文章内容是其根本追求，美的形式是指内容被形式充分呈现了出来。这也是表现审美的一种基本方式。

汉语语言非常感性，所以翻译者必须具备足够的审美自觉，也就是审美的自我意识。涉及汉语的翻译活动必须突出这种特殊的审美自觉，体现翻译者的艺术品位与人文气质，增加并提升自己的汉语与其他语言间互译的相应知识及能力。

（三）英汉翻译审美主体的差异

审美主体具有差异性，从艺术的角度出发，表现为一种常规性的差异，这也是事物发展的内部动因。审美主体在个体上存在着很大的差异性，所以审美表现也会丰富多样。每个人都有着不同的气质，有着不同的能力，所以审美主体也必然存在着不同的个性和气质。正因为每个人都有着不同的气质，其审美体会、审美价值观等也表现出诸多差异性。“夫载哀者闻歌而泣，载乐者见哭者而笑。哀可乐者，笑可哀者，载使然也。”[①] 出自《淮南子》，其意思为不同的人有不同的审美感受，不能一味追求统一。而审美感受则包含许多内容，这些方面均存在差异性，如审美情趣的差异、审美态度的差异和翻译审美批评的差异等。

二、英汉翻译审美的客体

（一）英汉翻译审美客体的特性

第一，审美感性。这种审美客体属性是最普遍的，是美的外在表现，也叫形象表现性。例如道德是理性观念的一种，所以道德本身并不具备美的特点，它具有的只是美的内涵。道德并不能通过外在的表象进行美的表达，只有和外在现象统一时，道德才是美的。再以廉洁为例，廉洁是行为的真实表现。自然界当中的景物很美，例如朝阳，但只有将朝阳这一概念统一到自然界的美当中时，朝阳才是美的。物品的审美性是通过外在来表现的，审美客体属性最重要的表现则是形象表现。

第二，审美价值承载能力。审美客体的本质决定了审美具有价值承载力，它能够承载审美价值。如果破坏了语言作品的内容，作品就失去了艺术价值。

第三，审美感应力、审美召唤能力，换一种说法就是吸引力。审美主体会期待审美客体的美感，得到审美的满足。主要原因有：①审美客体具有审美素质，十分吸引人，主体可以从中看到自己的审美理想。②审美期待具有悬疑的特点，可能会带来悲剧或喜剧化的效果，二者都是戏剧性的体现，主体能够从中获得满足感。

第四，审美客体可对美进行比较，但不能进行量化，即使其形态和类型

① 李智 . 当代翻译美学原理 [M]. 北京：知识产权出版社，2013：100.

相同，也需在翻译中认真审查审美客体。审美客体较多样，如题材、文体等，只要具有翻译价值的都包含其中。而正因其多样性，也表现出复杂性。一般以具有审美价值的源语文本和译语文本两种客体为主，翻译时需进行全面考察。为了对文本意义中的审美价值进行准确把握，翻译者需要完整地审视原文作者，对作者的其他作品进行了解。

翻译者很有可能需要对以下审美客体进行一定的审美审视，包括具有审美价值的源语文本、译语文本、人文参照、互文参照和社会历史参照。对后四个因素进行审视的目的主要是全面地观察原文的审美信息。

一般情况下，目的语可以通过语言转换体现出源语文本的美学价值，任何文本都具有不同维度的美学属性。但译者无法避免在翻译时出现相对主观的倾向：客体即源语文本要求主体能够对自己进行理解和处理，但主体在对客体进行理解和处理时，常常按照自己的判断行事。这个矛盾也是所有艺术创造的标志之一。

（二）英汉翻译审美客体的功能

考察审美客体的不同功能时，要依据文本的不同语言体式和文体形式等因素。

1. 外像描写的功能

外像描写的追求体现出审美客体的审美特征，其中外像所指的是事物外部所呈现的特点。中国学者在进行景物描写时非常关注审美，而进行人物描写时往往未给予“双向描写”充分重视。实际上，中国文学历来重视外像描摹和动作描写，而忽视人物内在的心理活动。如从汉魏六朝到明清时期各个阶段的小说中都常常表现出此特点。显然，翻译应当摆脱这种局限，重视西方叙述学所谓的“内外双向描写”，才能准确地把握眼前的审美对象。

2. 信息提供的功能

具有信息提供功能这一类文本包含提供事件、数据等信息，例如新闻报道、公文文书等。语言美普遍存在，语言体式和文体类别没有分别。审美主体和客体之间是对立统一的关系，审美主体进行的审美活动即为斟酌语言和词句。

例 1：The chess-board is the world; the pieces are the phenomena of the universe; the rules of the game are what we call the laws of Nature. The player on the other side is hidden from us. We know that his play is always fair, just, and patient. But also we know, to our cost, that never overlooks a mistake or makes the smallest allowance for ignorance.

译文：世界是一盘棋，棋子就是宇宙中的现象，游戏规则就是所谈及的自然法则。我们看不到另一边的对手，但能知道下棋比赛是公平、公正、耐心的。但我们也知道，我们要付出代价，永远不要忽视一个错误，或对无知作出最小的让步。

例 2：We will discuss in a little more detail the struggle for existence...I have called the principle by which each slight variation if useful, is preserved, by the term of Natural Selection... The expression often used by Mr. Herbert Spencer of the Survival of the Fittest is more accurate, and is sometimes equally convenient.

译文：我们将会仔细地讨论生存竞争这一问题……对任何有用的细微的变种，我们都会细心地保存。我用自然选择来称呼这个原则……而赫伯特·斯宾塞先生用适者生存来称呼这个原则，适者生存更加贴切和方便。

3. 观念剖析的功能

对观念进行剖析的文本通常是议论文的形式，其“美”在于对真理的说明。因而，语言的运用具有高度的解析力和说服力，感性表现可以对此加以强调。于是，审美焦点就变成了有利的用词和有气势的文句。

例 3：Self-love, kept within due bounds, is a natural and useful sentiment. It is, in truth, social love too. As Mr. Pope has very justly observed: it is the spring of many good actions, and of no ridiculous ones. But self-flattery is only the ape, or caricature of self-love, and resembles it no more than to heighten the ridicule. Like other flattery, it is the most profusely bestowed and greedily swallowed, where it is the least deserved.

译文：适度的自爱对人体情感是有积极意义的，它是一种自然的具有社会性的爱。蒲柏先生用正确的手段指出过，许多良好行为都是由自爱产生的，自爱并不荒唐。但是不能够自吹自擂，自吹自擂是一种惹人发笑的对自爱的曲解。如果说它和自爱有相似的地方，那真是很荒唐！就像其他的恭维奉承，通常最慷慨地给予自吹自擂，最贪婪地接受自吹自擂，实际上都是最不应得、不真实的。

例 4：That there is a natural difference between merit and demerit, virtue and vice, wisdom and folly, no reasonable man will deny: Yet it is evident, that in affixing the term, which denotes either our approbation or blame, we are commonly more influenced by comparison than by any fixed unalterable standard in the nature of things...

译文：优点与缺点、智慧与愚蠢等之间都有着天然的区别，理性的人对这一区别不会否认。不过很明显，如果人们选定一个词来进行赞成或指责的话，对二者进行比较无可避免，这并不能说明事物在本质上具有固定标准……

例 5：The modern-minded man, although he believes profoundly in the wisdom of his period, must be presumed to be very modest about his personal powers. His highest hope is to think first what is about to be thought, to say what is about to be said and to feel what is about to be felt; he has no wish to think better thoughts than his neighbors, to say things showing more insight, or to have emotions which are ahead of others in point of time.

译文：具有现代思想的人虽然深信自身所处时代的智慧，但对自身能力表现得非常谦虚。他最大的期望是先于他人思考，先于他人表达，先于他人感受。他并不希望自己能够说出更加高明的话语，不希望自己能够比邻居的头脑更加灵光，也不希望能够具有超前的情感。

例 6：Men have in fact obtain more power over matter, but to change it is impossible. It may be said that all works of art,all ideas of life, all philosophies are “As if ”, but I am suggesting that they can be checked with an objective reality. They might be called propositions for truth and their truth can be decided by their correspondence with the real. Man can’t change the elemental characters. If you could, the world would probably vanish into nothing.

译文：事实上，人对物质有了更大的控制权力，但不可能改变它。一些人认为，所有的生活理想、艺术品和哲学理念的基础都是“假如”，但我认为客观现实可以检验这一切。与现实相符合的程度可以用来判定真理的真实性。人不能对事物的基本性质进行改变，如果能改变事物的基本性质，世界也许会在人类眼前消失。

4. 感悟启发的功能

“情”是感悟，启发表达为理念上的以及理性的感慨手段。审美主体如果有深厚的感悟，就会抒发情怀，实现对事物的全面性把握，构建古今联系。唐代诗人陈子昂的《登幽州台歌》是一首感悟性的诗：

前不见古人，后不见来者。

念天地之悠悠，独怆然而涕下。

《唐诗快》对这四句诗的评论是这样的：“子昂有万古的胸怀，眼底却无法留有一人。”这种评论不是夸张，陈子昂是当时少有的成大器者，只不过生不逢时，没有遇到知音。诗人为自己愤愤不平，抒发自己无限的感慨。下面是这首诗的译文：

Where are the great men of the past?

And where are those of future years?

The sky and earth forever last;

Here and now I alone shed tears.（许渊冲译）

（三）英汉翻译审美客体的形态

第一，物态审美客体。如人所直接看到的自然景物、景象，其颜色、气味、形状等不同形式的存在，以及面容、体型等形态都属于物态审美客体。

第二，审美化精神活动成果。包括艺术创作、文艺活动等，除此之外，人的高级精神表现也包括在内。

审美化精神活动成果表现为文本，这也是翻译审美的客体，主体的审美对象就是审美客体，审美主体的规定性也在这个客体当中体现出来，这个基本属性是所有审美客体都具备的属性。

（四）英汉翻译审美客体的结构

审美客体是源语文本和译文文本，其结构体系相同：逻辑结构、审美信息、语言文字结构。其中，审美客体的整个基础构架是语言文字结构，内容的实体结构是语义结构，语义结构能够产生语言美。语言美的哲学依据则是逻辑结构，文本需要具备逻辑规范。

（五）英汉翻译审美的转换障碍

审美转换障碍指的是不同语言文化在相互转换时所产生的语际之间的审美障碍。语言中的审美要素涉及音、形、色、象、意、情、景、境等维度，还涉及语法形态和语法手段的表意问题。翻译美学对这个问题没有统一的标准。语言审美语际转换障碍是一个非常复杂、非常值得从多层面加以研究的问题。需要深入探讨的理论问题有：①当审美形象表现的意义需要转换时需具备的基本条件和存在的障碍。因价值观念方面存在差异，翻译实践中需采取合适的方法。②研究比较审美价值观。③研究比较中西方审美情感。④表现翻译审美客体的形式。

第四节　英汉翻译中的审美再现

一、英汉翻译中审美再现的过程

翻译审美的创作实施过程可以分为四个阶段：①虚静观览。以审美为目标对客体的观察，即仔细反复阅读体会原文。②主客互动。翻译时保持质疑，发现原文中的问题并进行解决处理，也就是翻译中的批判性思维。③意象成形。对翻译的初始译文认真审查、调整优化。④艺术再现。不断优化翻译后的译文文本。

翻译审美就是实现跨语言文化的审美表现。翻译审美表现的终极要求是做到尽心尽力用目的语去再现源语中的美。翻译美学是为目的语择善从优的审美表现而努力。

Aesthetic representation 既可译为审美表现，也可译为审美表象，而在汉语中，这两个词却有着不同的意义。Aesthetic representation 最好译为“审美再现”，侧重点落在双语的审美表现转换过程和表现结果上。审美再现是主体审美观览的终端，无论翻译主体如何，最终都要落在审美再现上。

英语流通使用版图极为广阔，文化沉积深厚，审美价值标准与汉语的不尽相同。汉语也拥有久远的发展历史和深厚的文化底蕴。英语与汉语之所以表现出差异性，在于以下几个方面。

第一，“字”的个体结构方面。构成语言的基础单位是字。而且在英汉文化中，字体结构上的差异也非常大，主要体现在形和音两个方面。详细来说，“字”和 word 虽含义相同，表示的功能也一致，但是二者地位却有着较大差异。从语言美的构建和生成角度来看，汉字的作用是英语的 word 所不能比拟的，汉语中的字不管是在构造形态上，还是在结构美态上，都比 word 要具有优势，更容易形成对称美和对仗美，而且汉字本身具有非常独特的意象美。而英语 word 仅仅是一个符号代码而已，是自然形成的一种约定。

第二，英语更多体现一种形态语言的特征，有着不同的形态变化，因此也很难在英语中获得超形态的审美体验。

第三，英汉文字的产生都经历了一个非常漫长的时期，其文化传统也有着非常显著的差异，特别是历经了各个时期语言美的沉淀和打造，虽然在表现手法上有所差异，但这两种语言都各具特色、各有魅力。这也就在翻译中出现了新的技巧即对策论思想，这种思想立足于英汉两种语言各自的特色，从而体现出它们各自的魅力和审美意识。

汉语文章对表现手法的运用非常重视，一些章法和观念沿用至今，其操作性和生命力都非常强大，这是中国几千年文化和审美意识的积累与沉淀，更是数千年文学创作中审美经验的传承和发扬。

第一，立意。即明确创作的思想，理清思路，这是创作的基础任务。对于翻译工作来说，这就需要先对原著的思想和意义进行整体把握，甚至对超文本的内涵也要有一定把握。除此以外，立意还要体现出原著的中心思想和主旨。翻译前要对原著内容进行深入的了解和把握，若是译者都不能很好地把握原著的中心思想，那就无法将这种主旨思想传递给读者，导致读者读后不知所云。译者需明确原文作者的创作意图，也要充分理解原文，同时还要对文章思路进行梳理，让所翻译的译文符合目的语的表达习惯，并满足其思维活动方式的要求，这样才能更好地让读者阅读理解。

第二，辨体。体在汉语中主要是体裁的意思，而在英语中一般是指语言形式。在进行翻译之前要明确好两个问题：一是原著的功能、类别和等级是什么。二是明确原著体裁，翻译过程中不能忽略原著的这一项本质特点。相比较而言，议论文更为正式和严谨，至于其他文体就更容易区别了。

第三，谋篇。这一步骤是要对句段进行结构性创作，保证文章的整体布局和组织结构都符合要求。译者若是发现原著中组织结构有所偏差的话，也可以进行灵活调整，使文章整体布局更为合理。中西文化差异导致文章结构会出现结构形态差异，在翻译过程中没必要全部按照中国化的思维进行，最主要是把握一个度，让整体结构维持在一个平衡的状态。

第四，炼字。用词是创作中最基础和前提的工序。在词语上要做到三个标准，即精、美和准。而在此基础上进行扩充的话，就是炼句了。也就是要可以从句子中看出中心思想来，看出意境来。若意境无法确定，那么用的句子也肯定会出现问题，从而造成语法结构上的错误和偏差。

第五，改疵。这里主要是指对文章中的错误和偏差进行修改和完善。翻译过程中，错误和偏差是不可避免的，因此这步工作不能忽视。从翻译角度来看，首先要确定译文和原文的语义要一致；其次表达要通俗自然；最后要生动有趣。

第六，蕴意。这就要求对文章的含义进行深化和升华，使文章整体上更具可读性，避免过于粗俗。同时需对原著所创造的意境进行拓展和深化。

第七，定格。所谓格也就是风格、气韵和风味等，不同文章定格的类型、作用是不同的，要求在翻译时坚持实事求是的原则。

二、英汉翻译中审美再现的调节

交流中的意义输入与意义表现通常不是一回事，原因是交流中的意义受制于语用目的，表现上必须加以调整。经过调整以后的意义表现承载语用目的，因而叫作语用输出。审美调节属于语用输出中的调节。

审美调节的实施视审美理解、审美表现而定，翻译美学中人类对其运作的参与大多是在感性认知基础上进行的，表现出一定的人文性，而非固化的，因而就容易出现偏差。通过审美调节可对这些可能出现的偏差给予及时性的弥补，如此译文的质量也会得到提升。

第一，语义解码的准确性调节。译者在审美理解中的失准乃至失误都是十分可能的。在文本视听符号解码、句法结构形态解码、意义 / 意象 / 意境含蕴解码、风格审美解码、文化特征解码等环节，译者都不能完全保证他最初的理解完全准确到位。这时的审美调节就非常必要了。“深林人不知，明月来相照”是王维的诗句，写的是高逸的自然景象中的邈寂状态，与原诗中潜隐的“我”并没有什么直接关系，这种将“人”的主语潜隐的手法，目的在于突出“物”的意境，这在汉语中很普遍。译者把“我”潜隐一半，就形成了下面的结构调节：

No ear to hear me，save mine own.

No eye to see me，save the moon.（Herbert Giles，翟理斯）

但在“深林明月”中“深”“明”相互映衬，是王维此诗中的重要意象，译者的英译使这个深林意象残缺，这样一来潜隐之美的强度就有所减弱了，在审美上是个意象与意境的把握问题。

下面是英格兰的一首著名的民歌，语言具有鲜明的民歌特色：

Are you going to Scarborough Fair
Parsley, sage, rosemary and thyme
Remember me to one who lives there
She was once a true love of mine

Tell her to make me a cambric shirt
Parsley, sage, rosemary and thyme
Without no seams nor needle work
Then she will be a true love of mine

Tell her to find me an acre of land
Parsley, sage, rosemary and thyme

Between salt water and the sea strands
Then she will be a true love of mine.

Tell her to reap it with a sickle of leather
Parsley, sage, rosemary and thyme
And gather it all in a bunch of heather,
Then she will be a true love of mine.

Are you going to Scarborough Fair?
Parsley, sage, rosemary and thyme
Remember me to one who lives there,
She was once a true love of mine.

译文：

你要去斯卡布罗集市吗？
别忘了那里的西芹、洋苏叶、女贞香和百里草。
斯卡布罗住着一个人，别忘了代我向她问好。
只因为她是我曾经的真爱，她知道啊，她知道……

请她给我做一件麻布短袄，
别忘了那里的西芹、洋苏叶、女贞香和百里草。
不用穿针，不用引线，不用裁也不用剪，
只因为她是我曾经的真爱，她知道啊，她知道……

请她给我找一块地，
别忘了那里的西芹、洋苏叶、女贞香和百里草。
就在那咸咸的水洼和海滩之间，
我曾经的真爱，她知道就在那儿天设地造……

请她收割时用老牛皮做的镰刀，

别忘了那里的西芹、洋苏叶、女贞香和百里草。
用石楠叶搓根绳将割下的茎茎草草捆起来，
只因为她是我曾经的真爱，她知道啊，她知道……

你要去斯卡布罗集市吗？
别忘了那里的西芹、洋苏叶、女贞香和百叶草。
斯卡布罗住着一个人，别忘了代我向她问好。
只因为她是我曾经的真爱，她知道啊，她知道……（佚名）

诗中有很多语句结构上的跳脱，这是民歌为凸显节奏形成的特点，这影响对源语的理解。另外，如双重否定等语言的非规范性使用也常常见诸民歌民谣，这一切需要加以必要的审美调节。

第二，对源语风格的把握及表现的力度精微调节。风格调节的最高境界是保留原著令人难忘的余味、余韵。风格把握绝非易事，犹如一个人的风韵气度，可感而不可言。译者必须细心分析原作者与文章，掌握文中种种风格标志，聚焦为某种基本特征，并随时准备加以调整。

调节审美表现的所有相关方法都属于审美调节手段，如语言方面的手段有修辞、文字结构等，具有开放性。以技法而言，包括同义易词 VS 转义易词、专用 VS 泛用、增词 VS 减词、淡化 VS 强化、正说 VS 反说、并句 VS 拆句、去头 VS 掉尾、重组 VS 改建、稀释 VS 浓缩等，总而言之，调节技法也是一个开放系统。

第五章　文学体裁英汉翻译的价值体现

翻译的过程既是语言转换的过程也是文化交流的过程，译者必须对中西方文化拥有深厚的积淀，并不断加强双语修养，才能深刻了解源语的内涵，精准、通畅地译为目的语言。基于此，本章主要探讨小说翻译及其价值体现、散文翻译及其美学价值、诗歌翻译及其美学价值追求。

第一节　小说翻译及其价值体现

针对不同的文本类型，译者寻觅的着力点全然不同。对于信息型文本，信息的传递自然成为翻译之重，语言表达只求准确、规范、易懂。对于表达型文本，如小说，译者必须尽量在忠实于原文的基础上使译文通顺连贯、语言优美，同时展现原文的风格。即翻译小说时，译者需依循源语文本的类型及特点开展翻译工作，以达到林语堂之“忠实、通顺、达美”的标准，不脱离原文也满足汉语表达形式的要求，还不失原文的风采。基于英汉两种语言的多重差异，译者通常会采用词性转换、视角转移这两种基本的翻译方法，以巧妙地缩小这些差异，减少翻译腔，从而翻译出高质量的译文。

一、小说翻译的词性转换

英语和汉语分别属于不同语系，前者是印欧语系，后者是汉藏语系，差异性主要体现在语法、语序和词汇方面，若想达到精准对应的词语结构通常比较难，且翻译出的内容也会比较单一无趣。[①]对此，精准把握原文、理解原文是翻译的基本前提，同时要运用合理的表达方式，灵活运用词类转换，才能获得通顺、自然的译文。

例 1：When to the third knocking there was still no answer, he gently opened the door.

译文：敲了三下，还是无人应答后，他轻轻推开了房门。

原文中的名词 knocking 与 answer 分别被译为“敲”与“应答”。英语的核心在于名词，以静为主，汉语的核心在于动词，以动为主。英语和汉语的这种差异使译者在英译汉时往往不能将原文的词类对号入座，要合理转换词类，使译文与汉语表达习惯相符，从而有效提高译文的质量，提升其阅读价值。knocking 是由其动词 knock 派生而来的名词，而 answer 在这里是个具有动作意义的名词。若不进行词类转换，则不符合汉语的行文习惯，也无法凸显这两个词的动作意义。

例 2：Gerald noticed that a leaf of the screen had been folded back, revealing a small cretonne—covered chair, with an open tome face downward in its seat.

译文：格兰德注意到那个屏风被人折回去了一扇儿，露出一把小椅子，印花棉座垫上扣着一本打开的书。

原文中的副词 downward 被转译为动词“扣着”。downward 是个副词，表示“向下”的一种状态。本例中，译者将其巧妙地处理为具有动作意义的词——“扣着”。“扣”这个动词形象贴切地描述了“向下”这个动作，“着”这个助词又补充表明了一种持续的状态。这样的译文简而有力，丝毫没有意义的缺失。

二、小说翻译的视角转移

语言是多角度的，在翻译中，译者可以从多角度、多方面看待并思考问题。遇到难题或深陷僵局时，译者不妨换个角度思考，从主体、空间、时间及正反视角看待翻译问题，或许就能柳暗花明，绝处逢生。

① 张云霞 . 小说翻译的两大基本技巧 [J]. 开封文化艺术职业学院学报，2020，40（6）：43.

例 3：——“Where’s the Bell?”

——Gerald had found the hotel in a reference book.

译文：——“贝尔酒店在哪里？”

——贝尔酒店是格兰德在一本旅游手册中找到的。

本例属于主体视角的转移。就“主体”与“客体”而言，汉语注重主体思维，倾向于选择人或其他有生命的生命体做主语；而英语注重客体思维，所运用的主语并不以生命体作区分，如抽象概念。但是在本例中，译者反其道而行之。通过主体视角的转移，译者将原文中的人称主语 Gerald 处理为译文中的宾语，而将宾语 the hotel 处理为译文中的主语“贝尔酒店”，这是译者考虑上下文联系紧密程度的结果。

例 4：As soon as they entered the town, the big bell began to boom regularly.

译文：他们刚出站，就听见大钟“当——当”地响起。

本例属于空间视角的转移。空间视角与方向密切相关，即前后、左右、上下、内外等。原文中的动词 enter 表示“进入”，词组 enter the town 指“进入这个小镇”。汉译时，动词词组 enter the town 被译为“出站”，这是采用了空间视角转移的翻译方法，主要出于对原文与上文的衔接性的考虑。

与其他翻译文本不同，小说翻译需要译者在实现忠实与通顺的基础上，对小说的人物性格、韵律节奏、词语美俗等尽心研究，使之切合汉语的表达习惯与标准，且尽量传达出原作的文化特征与语言特色。这无疑给诸多译者带来了极大挑战。但是词性转换与视角转移等恰当的翻译技巧可以帮助译者从容应对这些挑战，提升译文质量。

第二节　散文翻译及其美学价值

散文是指以叙述或描写为主的表达真实情感的文学体裁，具有语言灵活、题材广泛、篇幅短小、情感丰富等特点。[①] 散文是一种语言形式，与传统诗歌

① 杨丹. 翻译美学理论视角下的散文英译 [J]. 散文百家（理论），2022（3）：89.

的韵律结构不同。一般而言，散文是一种超越诗歌、小说等文学的文本形式，包括回忆录、传记等。散文的精髓是形式自由、思想集中，作者可以用自然的、口语化的语言，并在表达情感时采取叙述、论证等多种方式。散文具有生动性，可像诗歌一样自由，亦可像辩论一样尖锐。

对大部分人而言，只有在欣赏诗歌的时候，意境才会出现在他们的脑海里。其实意境也是散文的一大特色，尤其是抒情式散文。中国古典山水诗中很多都是运用直抒胸臆的手法来营造意境。在散文中，作者也可以将自己的主观情感投入到客观的场景中，或是将场景与情感进行融合以表达自己的思想感情。因此，客观的景物不再是平常的景物，而是充满了主观的情感，这就是所谓的意象。在散文中，当客观事物进入作者的眼睛里，就会被作者赋予主观的意象，从而营造出不同的意境。意境在散文中占有很高的地位，散文在营造意境方面与诗歌有一点不同，那就是文本的长度。散文不需要压缩文字来隐含真实的情感，可以用多个层次来营造意境。

一、散文翻译的音韵之美

在翻译过程中，译者不仅要关注原文的情感和内容的表达，更要关注原文的韵律之美。通过恰当的语言形式表达作者的思想，可以激发读者的阅读兴趣。同时根据散文的特点，译者必须关注散文的情感体现，注意作者的文本风格。在一定程度上，作者的写作风格是由其意识形态、经历决定的。因而，若要保留原文写作的风格与特色，需充分把握作者的情感输出，从而展现散文的音韵之美。

二、散文翻译的意境之美

意境阐释是散文翻译中一个至关重要的环节。译者是读者和散文作者之间的媒介，因此译者要做好充分的准备，理解原文的真实意义，重现作品的意境，使读者可以更好地理解作品。在这一过程中，译者可以将独立的意象与词句组合在一起，构成散文的意境，以满足读者的阅读期待。而理解意境最好的方法就是了解散文中的审美成分，这利于重构意境。美学理论中强调，译者必须保持期待视野，他的主观观点不能被客观事物的描述所左右，译者应通过理性而客观的方式来实现散文的翻译。同时译者要把握作者的背景、生平、生活经历以及作者写作散文的目的，从而根据自己的经验和预见性对作品的意境进行重构。此时，译者有权选择哪些词语可以忽略、哪些信息应该更详细，以便于读者的阅读和理解。在这一过程中，译文不必逐字逐句翻译，只要能与原文的韵味相对应，有效地传递原文的意境，满足读者的视野期望，即可实现翻译的美学效果。

三、散文翻译的遣词之美

在文学翻译中，文化因素与文学翻译密切相关。英汉语言体系不同，句子结构、表达方式和思维方式等都不尽相同。翻译过程是跨文化的交流过程，译者在翻译过程中，要了解作者的艺术风格，从而掌握作者的语言特点，保持原作的韵味。很多时候，由于在两种语言中没有完全对等的语言形式，就增加了译者在目的语中找到准确词汇的难度。同时，散文对于词语的选择也非常考究，译者要注重合理选择译文的词汇，使译文富有表现力和生命力，从而展现散文的美感。因此，在进行翻译时，对于译者来说，要时刻注意文化差异和思维方式差异。如中国人认为世界是综合的，一切自然事物与人类共同组成了世界，需以主观的方式了解事物。相反，西方人偏向理性思维，他们认为人与自然是分离的，要以客观的方式分析事物。与此同时，中国人特别注重在头脑中建立具体形象，而西方人更喜欢抽象思维。因此在翻译的过程中，译者要考虑文化的差异和特征，如在汉译英时要进行充分的逻辑分析。

四、散文翻译的句式之美

翻译过程中审美的差异主要体现在文化的差异与共通性、译者的主观性与翻译的客观性等方面。每个人的审美观念不一样，不同的人对散文中的意象有各自的观点。且受到时间、条件等因素影响，对同一意象，人们也会产生差异化的理解。因此，译者应基于自己审美经验、审美认知和审美意识，合理调整翻译方法和句子结构，运用句式之美使译文的读者充分体会原文作者的情感，从而实现视域的融合。

散文的翻译对译者有三个基本要求。译者要对原文进行全面的理解，即从语言和文化层面进行理解。为了再现原文的特色，首先，译者在具备双语能力的同时还要掌握双语文化，能做到从字里行间再现文化的韵味，只有拥有这些技能才能将原文原汁原味地翻译出来。其次，在主观层面上译者的思想应与原文作者保持一致，因为作品中的形象和意境都是原文作者创造的。译者越了解作者，对翻译的把握就越好。最后，原文作者的思想情感也是译者需重点把握的，同时译者需要提高自己的审美认知能力，因为他们的审美认知水平越高，对原文的理解就越深刻，翻译的质量也就越高，从而有利于合理揭示出原文的意境，翻译出理想的作品。

综上所述，译者要想做好散文的翻译，就要合理诠释散文的意境。意境在散文中占有很高的地位，可以填补读者在阅读时的“空白”与“期待视界”，从而实现与作者心灵上的交流。对于译者来说，作为原文的第一读者，先要熟练掌握双语及其文化，再通过合理的翻译手法和技巧，结合自己的思想和经验，做到字里行间再现文化的韵味，将原文原汁原味地翻译出来。

第三节　诗歌翻译及其美学价值

文学虽然是书面上的一种语言表达方式，但透过文字表象才能看到真正的美学价值所在。文学作为一种介质可以使作者和读者产生精神上的直接对话，文学作品能够通过语言层面的艺术传递精神层面的价值。将文学作品置入到不同的语言系统中，或者从不同文化环境出发进行翻译，这可以简称为文学翻译，从本质上讲属于一种审美活动。译者基于美学原理对原作进行审美分析，通过翻译用另一种语言文本阐述，再以最佳的语言表达方式还原原作特点，即审美再现。

文学翻译和翻译美学原理之间是具有一定联系的。诗歌是一种特殊的文学体裁形式，诗歌翻译是文学翻译中最难的一种形式，其美体现在能够对美的特质进行协调、客观、对称的阐述。译者在翻译时要立足原文，围绕其进行审美情感的解读和分析，通过语际转换重构，并与读者产生情感共鸣，使读者赏心悦目。

呼吁译者将诗歌翻译视为艺术的创造，在翻译过程中创造美并充分发挥主观能动性，即在译文之中最大限度地发挥美感能力，同时尽可能从读者的角度出发，达到其最高的期待值。译者对于语言的审美并非自觉的，翻译美学原理为译者提供了一定的理论基础。译者需要在理论研究的基础上发挥审美判断的主观能动性，研究与分析原作的审美观，了解原作创作的目的和意图，贴近原作的审美标准，并在译文中将原作的美学要素最大限度地融入译文中，使译文更忠实于原文且更具美感。一部文学作品是具有艺术性和艺术价值的，译者通过美学原理认识到其科学性、艺术性是翻译所表现出的明显特征。译者应以最贴近原作的审美标准在译文中再现审美价值。

一、诗歌翻译追求词意之美

在诗歌翻译中，译者应该注重诗歌的词意之美。以泰戈尔的一句诗为例。

例 1：Thou hast made me endless, such is thy pleasure. This frail vessel thou emptiest again and again, and fillest it ever with fresh life.

试译：你使我万世永生，这是你的快乐，你一再倒空我的心杯，又一再斟满崭新的生命。

在上面的例子中，thou 的意思是“你”，具体指的是大神梵天。诗中将 made me endless 译为“万世永生”，四字结构言简意赅，不仅体现了汉语特点，而且含义表达准确。frail vessel 原本表示“脆弱的器皿”，译成“心杯”恰到好处地体现了“脆弱易碎”与“器皿”之意，通过巧妙地使用修辞手法使译文有简洁的词意之美。fillest 的译文是“斟满”而不是倒满之类的词语，更具有古风韵味。译文中用两个“一再”表达了原文中 again、ever 之意。

二、诗歌翻译追求音韵之美

音韵是诗歌的重要组成部分，它赋予诗歌美感，让文字更加鲜活。因此，诗歌翻译不仅要忠于原文，还要追求音韵之美。

例 2：

The fields breathe sweet, the daisies kiss our feet,

Young lovers meet, old wives a-sunning sit,

In every street, these tunes our ears do greet:

Cuckoo, jug-jug, pu-we, to-witta-woo!

Spring, the sweet Spring!

试译：

旷野上弥漫着甜美的香气，雏菊轻吻我们的脚尖，

年轻的情侣在这里相会，年迈的妇人沐浴着阳光休憩，

每一条街巷，都有这样的旋律回荡耳畔，

布谷，布谷，啾——啾，噗——喂，吐——喂嗒——呜！

春天啊，多么美妙的春天！

以上诗句出自英国诗人托马斯·纳什的《春之景》。原文中 jug-jug、pu-we、to-witta-woo 所指的是布谷鸟的叫声，将这类拟声词翻译为“啾——啾”“噗——喂”“吐——喂嗒——呜”，凸显了诗歌的生命力，也增加了画面感。sweet、feet 对应“香气”“脚尖”，还原了原文的押韵韵脚，句式工整，具有韵律感和节奏感。

三、诗歌翻译追求意境之美

意境阐释同样是诗歌翻译中的一个至关重要的环节。译者要准确把握诗歌的意境，感知诗人的情感，并将其融入译文中，使译文具有意境之美。

例 3：

The fountains mingle with the river,

And the rivers with ocean,

The winds of heaven mix forever,
With a sweet emotion,
Nothing in the world is single,
All things by a law divine,
In one another's being mingle; Why not I with thine?

译文：

泉水与河流交融，
河流涌入大海，
天上的风啊总是怀揣着，
甜蜜的情怀；
万物皆不孤独，
全在天赐法则下，
与另一事物丝缕相缠；
为何唯你我例外？（王正丽译，源自网络）

以上诗句选自英国浪漫主义诗人雪莱的抒情诗《爱的哲学》，诗歌语言优美凝练，情感真挚。诗中作者运用拟人的手法，用“交融”“涌入”“怀揣”等动词赋予泉水、河流和风以情感，表达男女之间追寻爱情、难舍难离的感情。最后一句，译文同样用疑问句，将读者带入诗中，引起情感共鸣，引发思考。译文呈现出意境美，营造出艺术氛围，使情感升华。

诗歌翻译是文学翻译的灵魂体现，重构诗歌翻译的形式美和意象美，就是对艺术美的再现，而此过程是很复杂且有难度的。[①] 译者需要在译文中重构再现原作的审美价值，让读者与原文作者产生情感共鸣。

① 王悦．翻译美学视域下英文诗歌汉译的审美再现 [J]. 文教资料，2021（15）：29.

第六章　应用文体英汉翻译实践的多维度价值体现

英语和汉语由于文化背景、思维方式等存在不同，其语言结构也表现出区别。进行英汉翻译时不能只追求对原文结构的突破，还要忠实于原文内容，使用目的语将原文更好、更准确地表达出来，运用正反翻译视角，确保译文不仅能够最大限度还原原文本信息，而且能够满足目的语文本表达习惯。基于此，本章主要围绕科技英语翻译及其美学取向、新闻英语翻译及其文化价值、商务英语翻译及其应用价值展开论述。

第一节　科技英语翻译及其美学取向

科技英语属于专门用途的英语语体，具有相对独立性。现阶段，科学技术已经发展到相对稳定的状态，且处于不断革新当中，其所覆盖的领域也日益扩大，自然科学和社会科学的领域范围更广，因此科技英语也被广泛应用在各种与之相关的讨论中，如学术论文、实验报告等。

当前，科学技术创新发展速度非常快，与市场经济发展具有同步性，在此背景下，对英语人才也提出了更高的要求。尤其对于英语专业的学生而言，科技英语已经成为其专业学习的重要组成部分，同时其他相关专业学生在专业发展中同样也需要掌握一定的科技英语。这不仅对其专业学习、论文写作、文献阅读等发挥关键作用，而且对其未来专业的职业发展也非常重要。当未来工作岗位与科技密切相关时，就不可避免会遇到科技英语。

一、科技英语翻译词汇的美学特征

第一，简短词的使用。因一些单词含有的字母较多，运用时选择将其简化，以提高方便度。例如：

lab = laboratory 实验室

phone = telephone 电话

第二，缩略词的使用。通常会将科技英语缩略后进行使用，即将词组中各单词首字母提出来组成缩略词，以缩短文本篇幅，加快阅读理解，例如：

CPU = central process unit 中央处理器

FM = frequency modulation 调频

第三，专业词汇、半专业词汇的使用。专业词汇和半专业词汇是科技文体中常见的词汇类型，是将普通名词专业化使其具有特定语义。如科技人员使用 crane 与 dog 这两个单词时，所表达的含义并不是其“鹤”与“狗”的本意，而用于表达拥有与这两种动物相似模样、功能的事物，鹤的特征是脖子比较长、个子比较高，狗的特征是能够看护家园。将其作为科技英语词汇进行使用的例子如下：

stop dog 止动器

locking dog 制动爪

crane 吊车

第四，复合词的使用。科技文体中对复合词的应用十分常见，主要有以下几种形式。

其一，词缀法。在词前或词后添加词缀形成新的词汇，这是构造新词的常用方式，在科技英语构词中也被广泛运用。例如：

hyperplane = hyper + plane 超平面

hypermorph = hyper + morph 超等位基因

antiparticle = anti + particle 反粒子

其二，合成法。合并两个单词形成新的单词。例如：

firewall = fire + wall 防火墙

greenhouse = green + house 温室

hardware = hard + ware 硬件

其三，混成法。抽取两个或多于两个单词中的某部分进行组合后形成新的单词，这与合成单词还是有区别的。例如：

telex = teleprinter + exchange 电传

transistor = transfer + resistor 晶体管

knowbot = knowledge + robot 智能机器人

第五，新词。科技英语词汇随着科学技术的革新发展而不断更新，各种新词出现后通过全球范围内科学技术的交流而得到普及运用和推广。例如：

cyberspace 网络空间

nanotechnology 纳米技术

website 网站

第六，外来词。以外来语中人名、地名、商标名为基础的词汇被直接运用到科技文体当中。例如：

Boeing-737 波音 737 飞机（来自人名）

Brazilian pebble 石英水晶（来自地名）

Xerox 静电复印机（来自商标名）

Sputnik 人造卫星（来自俄罗斯）

Silo 导弹发射井（来自西班牙）

二、科技英语翻译句法的美学特征

（一）被动句

科技英语重在对客观事物、客观现象和客观过程等进行描述，一般不会融入主观意识。在翻译中可以通过运用被动句的句型，突出客观事物的主体性，寻求客观事实，让文章更具客观性。

例 1：Loss of efficiency in the boiler will be caused by the dissipation of heat through the walls of the combustion chamber.

译文：热量随着燃烧室壁散失会造成锅炉的效率降低。

例句中做主语的是 loss of efficiency in the boiler，因而句子主要是对其进行强调。

（二）无人称句

英语中按照名词是否为生命体而划分为有灵和无灵两类。科技活动的开展虽然是在人类操作下完成的，但其成果、规律是自然存在的，不属于生命体的范畴，因而可以看到科技类文体中一般是用无灵名词作为主语。

例 2：The engineering project promises well.

译文：这个工程项目大有希望。

例 3：The grinding machine refused to stop.

译文：磨床就是停不下来。

（三）虚拟语气

科技文体中对科技活动进行讨论时，为获得一定规律和成果通常会设置假设，由于这种假设是未知的，存在不确定性，所以经常用虚拟语气进行表述。

例 4：If all the ice in the world melted, the level of the sea would rise about 250 ft.

译文：如果地球上的冰都融化，海平面将升高大约 250 英尺。

例 5：If there were no oxygen in the air, fuels would not be able to burn.

译文：如果空气中没有氧气，燃料就不可能燃烧。

以上 2 个例句中可见对虚拟语气的运用，说明句子表达的语义是存在很大不确定性的，小概率会发生，也可能不发生。

（四）一般现在时

科技英语主要围绕客观事物的普遍状态、自然现象等进行描述。所以一般现在时是其最常用的时态，从而增加所阐述客观事物如定义、公式等的科学性，并提高科技文体的客观真实性和可读性。

例 6：As the insulin sweeps away the glucose into storage, the level of glucose in the blood naturally drops sometimes to even lower when it was before.

译文：随着胰岛素将葡萄糖储存起来，血液中的葡萄糖水平有时会自然下降，有时甚至比以前更低。

例句是对医学现象的客观描述，无时间局限，所以运用一般现在时的时态。

（五）复杂长句

长的、复杂的句子是科技文体常见的一种句型，其应用目的是清楚解释一些复杂的科技概念。许多科技概念中包含着多层意义、多层逻辑关系以及复杂的主从关系，只有使用复杂长句才能将其表述清楚。对于复杂长句的运用可以增加内容逻辑性以及优化其结构。

例 7：We learn that sodium or any of its compounds produces a spectrum having a bright yellow double line by noticing that there is no such line in the spectrum of light when sodium is not present, but that if the smallest quantity of sodium be thrown into the flame or other sources of light, the bright yellow line instantly appears.

译文：将少量钠置入火焰或其他光源中，光谱中会有一条明亮的黄色双线；钠燃烧消失后，光谱中的双线也消失了，因此可知钠或它的任何化合物形成的光谱都有一条明亮的黄色双线。

例7就是一个复杂长句，使用by将状语引出，又使用that...，but that... 引导宾语从句，形成并列关系，同时宾语从句又各自使用 when... 和 if... 引导两个状语从句。

（六）惯用祈使句

在科学实验、科技产品说明和科技仪器使用中通常会出现较多的科技英语，一般用于表达操作的命令和建议，因而会采用祈使句的结构。科技英语也会以动词为主，运用到一些情态动词，如 should、must 等。

例 8：Wear safety glasses in an organic laboratory to protect your eyes.

译文：在有机实验室应佩戴安全眼镜以保护眼睛。

（七）名词化结构

名词化结构即使用名词词组、短语表达语义，常见的如“名词 + of + 修饰语”。科技文体中在表达较多信息时或者要求表达要简洁时通常会运用此类结构。

例 9：The substitution of rolling friction for sliding friction results in a considerable reduction in friction.

译文：用滚动摩擦代替滑动摩擦，能够大大降低摩擦阻力。

例句中的名词化结构表现在 substitution 和 reduction 的使用上，提高了句子表达的准确性、客观性，并使其更简练。

三、科技英语翻译语篇的美学特征

（一）语言质朴简洁

科技文体中所使用的词都比较简洁直接，目的是通过较为简练的语言形式表达精确的文本含义，让读者在直白的文体语言结构中理解所描述的客观事物。如：

Natural Energy

Energy in nature comes in many different forms. Heat is a form of energy. A lot of heat comes from the sun. Heat can also come from forest fires or, much smaller, from the warm bodies of mice. Light is another form of energy. It also comes from the sun and stars. Some animals and even plants produce small amounts of light energy. Radio waves and ultraviolet light are other forms of energy. There's also electricity, which is another source of energy.

All of these different forms of energy can change, from one to another. In the case of lightning, all the electrical energy in it disappears in an instant—to the bright light you can see, to the burning heat of something struck by lightning, to the sound of thunder you can hear.

Most of the energy we use at home comes from electricity. Most of the energy on Earth—wind, waves, heat and light—comes from the sun. The sun itself is powered by nuclear energy.

There are some things about energy that are hard to understand. Energy constantly changes from one form to another, which makes it more like an artist in disguise. Just when you think you know what energy is, it suddenly takes on a completely different form. But one thing is certain: energy will never disappear, and equally, from now on, it will never appear. People used to think that energy and matter were interchangeable. Tiny matter can be transformed into incredibly large amounts of nuclear energy. The sun produces nuclear energy from hydrogen, and as matter is converted into energy, its mass gets smaller and smaller every day.

自然界的能量

自然界的能量有许多不同的形式。热是能量的一种形式。很多热能来自太阳。热量也可以来自森林大火，或者是小得多的如老鼠温暖的身体。光是能量的另一种形式。它也来自太阳和其他恒星。一些动物甚至植物产生少量的光能。无线电波和紫外线是其他形式的能量。还有电，这是另一种能源。

所有这些不同形式的能量都可以改变，由一种变成另一种。就闪电而言，它里面所有的电能都在一瞬间消失了——变成了你能看到的明亮的光，变成了被闪电击中的东西燃烧的热，变成了你能听到的雷声的声音等。

我们在家里使用的大部分能源来于电力。地球上的大部分能量——风、波、热和光——都来自太阳。太阳本身由核能提供能量。

关于能源，有些事情是很难理解的。能量不断地从一种形式变成另一种形式，这使得它更像一个伪装的艺术家。当你以为你知道能量是什么时，它突然变成了一种完全不同的形式。但有一点是肯定的：能量永远不会消失，同样，从现在开始，它永远不会凭空出现。人们过去认为能量和物质是可以互换的。微小的物质可以转化成难以置信的巨大的核能。太阳从氢气中产生核能，随着物质转化为能量，它的质量一天比一天小。

（二）逻辑组织严密

科技文体一般具有层次性强、逻辑性强的特点，多采用总分结构，先对文本内容主题进行概括，再逐一对其进行分析讲解。

例 10：Food will soon spoil and break down if it is not stored properly. Heat and moisture encourage microbial growth, while sunlight destroys vitamins in foods like milk. Therefore, most foods should be stored in a cool, dark, dry, clean, well-ventilated area.

Foods that decompose quickly, such as meat, eggs, and milk, should be stored at temperatures ranging from 5 °C to 10 °C. At this temperature range, the microbial activity is greatly reduced. In a warm climate, this temperature can only be maintained in a refrigerator or in the basement of a house. In the UK, this range is maintained for at least six months of the year in unheated rooms facing north or east. If well ventilated, such a room is ideal for storing food during the winter months.

译文：食物如果储存不当，很快就会变质分解。热量和水分会促进微生物的繁殖，而阳光会破坏牛奶等食物中的维生素。因此，大多数食物应储存在阴凉、黑暗、干燥、清洁、通风良好的地方。

分解快的食物，如肉、蛋、奶，应储存在 5℃ ~10℃的温度下。在这个温度范围内，微生物的活性大大降低。在温暖的气候中，这种温度只能在冰箱或地下室中维持。在英国，一年中至少有 6 个月的时间里，这种温度范围会在朝向北方或东方、没有暖气的房间里保持。如果通风良好，这样的房间在冬季是储存食物的理想场所。

第二节　新闻英语翻译及其文化价值

通常我们所说的新闻是指用多种传播工具传播的公共性信息，如报刊、广播、电视等都是常见的传播新闻的渠道。新闻语体功能是相互融合的，这是因为新闻有着不同的传播目的，而且所采取的传播方式也较为多样。[①]其中，新闻语体指的是专门用于报道新闻的语体。英美国家以纪实性为依据将新闻区分为软新闻和硬新闻，常见的软新闻有评论、特写等，常见的硬新闻有新闻报道、深度报道、简讯等。中国的新闻也有多种类型，如新闻特写、深度报道、通讯等。

一、新闻英语翻译的文化特征

（一）语言大众化

新闻不仅被不同领域的学者关注，而且被普通社会群众关注，这是因为新闻的内容是涵盖各个领域和阶层的。实际上，为了满足更多新闻消费者的需要，让各层次的人们更好地了解新闻，新闻语言一般会主动迎合群众的口味具有大众化的特点，这不仅会弱化距离感还能增加亲切感。[②]大众化的语言主要包括口语化的语言或者俚语、俗语等。

例 11：Despite the progress China has made in reducing poverty and increasing life expectancy and literacy, rural citizens in China still have less access to basic public services than city dwellers, the U.N. Development Program said.

译文：联合国开发计划署称，在减少贫困、提高人口平均寿命和识字率等方面，中国取得了很大进步。不过，与城市居民相比，为农村居民提供的基本公共服务还是较少。（联合国新闻网）

例句中对农村居民和城市居住者进行描述时所运用的词汇都是口语化的，拉近了新闻和读者的距离，使读者更易于接受和理解。

（二）语言简洁

新闻强调信息的快速传达，因而自然就会要求语言简练、明确，能够在短时间内快速传递最丰富的信息内容，达到言简意赅的效果，并在报道时能

① 祝克懿．新闻语体的交融功能 [J]. 复旦学报：社会科学版，2005（3）：10.

② 曹文娟，张婷．英语翻译教程 [M]. 长春：吉林人民出版社，2019：119.

够避免过多版面的占用。最明显的语言简洁的特点表现在新闻标题的设计上，无论是英语还是汉语，都倾向于选择简短凝练的词语，为了更加简练，一般还会运用许多缩略词和简称词。除了内容的简洁，也强调句式结构的简洁，如在英语新闻中常常会使用短语代替从句，如介词短语、分词短语、不定式短语等。使用简单句式结构精确传达新闻内容，可以让读者更清晰地把握新闻的思路，实现快速理解与接收。

（三）用词灵活、新颖

新闻制作与传播的目的在于将国际、国内发生的最新、最全面的事件信息传递给大众。新闻的关键在于传播，即追求让更多人看到，也就是要吸引更多人的观看浏览，因此，在内容创作上就会选择一些新颖的词或标新立异的词。除了新颖之外，新闻用词也讲究灵活，甚至应掌握“创造”运用新词。

新词的运用体现出新闻用词的新颖性，新闻的本质是具有较强的时效性，所传播的内容都是对当下事件的反馈，并且追求时效，通常新闻工作者会以较快速度报道社会生活中的各种新事物、新变化，如新出现的产品、新发明的科技产品等，因而也总是会出现一些新的词汇，如汉语新闻中的“躺平”“双规”“内卷”等新词，以及英语新闻中的 demerge、e-bay、teleconference 等新词。

（四）善用修辞

英语和汉语中都会运用一些修辞手段来增加新闻的生动性、形象性，对于较难理解的名词、术语等也会将其转换为易懂的、有趣的语言，这样在确保新闻内容真实性的基础上，也能使读者更清楚地把握新闻所传达的信息。

例 12：“Ageing Mona Lisa Worries Louvre.”

The Mona Lisa is showing her age, museum curators in Paris said while announcing a scientific study of the 500-year-old masterpiece.（*China Daily*）

译文：《〈蒙娜丽莎〉日显苍老，“整容手术”迫在眉睫》

巴黎卢浮宫博物馆馆长说，《蒙娜丽莎》的芳容正日益呈现出“老态”，同

时他还宣布要对这幅有着500年历史的名画进行科学研究。（中国日报网站）

例句中对破损的《蒙娜丽莎》画像的描述运用了“日显苍老”“老态”的词汇，修补画像也运用了“整容手术”一词，这些词都是对人及其相关事物的描述，所采取的是拟人的修辞手法，增加了新闻表达的生动性，更易于让大众理解。

（五）英语新闻中时态的活用

英语新闻讲求及时性与真实性，为达到这一效果通常运用一般现在时的时态来表示过去，新闻标题中经常使用这一时态。

例13：“Astronomers Find ‘Hot’ Vortex on Saturn”

Astronomers using a giant telescope atop a volcano have discovered a hot spot at the tip of Saturn’s south pole.（ABC News）

译文：《土星上发现“温暖”的极地涡流》

天文学家们使用巨型望远镜在一座火山顶上观测太空，结果发现土星南极顶端有一个“热点”。（美国广播公司新闻网）

另外，现在时表示将来时也是英语新闻标题中较为常见的。如：

例14：“Stars rock Bangkok for tsunami relief”

World entertainment giant，MTV Asia，will hold a star-studded concert today（Thursday）to raise money for the tsunami relief effort.（*China Daily*）

译文：《众星云集孟买，为印度洋海啸赈灾》

世界娱乐界巨头——亚洲音乐电视，将在今晚（星期三）举行一场众星云集的音乐会，以筹集资金为海啸赈灾出力。（中国日报网站）

二、新闻英语翻译的美学价值

（一）标题

1. 灵活采用直译与意译

采用直译法还是意译法，这是翻译过程中需灵活考虑的问题，具体按照实际文体情况进行选择。对于英语新闻标题进行翻译时，需立足其原文本意。当标题直白地表达出其含义且翻译为汉语不会影响理解的正确性时一般采取直译法。如将英文标题“Ugly Duckling N-Ship at Last Gets Happy Home”译为《丑小鸭核动力船终于找到安乐窝》就用到直译法。“丑小鸭”是安徒生童话中的一个角色，结合故事内容可知其通常被用于描述历尽艰苦后获得幸福。此新闻所阐述的具体内容是许多国家为了避免自己的海岸受到核污染的影响而选择拒绝某国的核动力船靠岸，该船经过一段时间的海上漂泊之后，才终于在一个港口获得了停泊的准许。标题中用 ugly duck 指代核动力船，用 happy home 指代船获准停泊。丑小鸭作为广为流传的童话故事角色，即使在中国也被绝大部分人了解，因而在翻译时译者就可以采取直译法，读者也能够从生动形象的新闻标题中快速读懂其报道的事件。但在此过程中还是不能忽视对阅读效果的思考。

例 15：“Olympics Begin in Style; Swimmer Takes 1st Gold”

译文：《奥运盛大开幕，泳将喜夺首金》

例 16：“Looking Back to Look Ahead”

译文：《回首往昔，展望未来》

上述例句所运用的方式是将直译法与意译法结合，因而译文十分流畅。一是明确传达了原标题的语义，二是呈现了对仗、有文采的汉语新闻标题的特点。

2. 灵活处理原文中的修辞

为达到吸引人关注的目的，在命名新闻标题时常常会借用不同的修辞手法。因而，对其进行翻译时需要尽量保留修辞的特征，译文中尽可能不改变修辞方式。

例 17：“After the Booms Everything is Gloom”

译文：《繁荣不再，萧条即来》

上例新闻标题中所运用的修辞手法是押韵，增加了标题的生动性。英语中 Boom 和 Gloom 是押尾韵的，译文的汉语中“再”和“来”也是押韵的，如此阅读起来不仅朗朗上口，还十分生动。

例 18：“Soccer Kicks off with Violence”

译文：《足球开踢，拳打脚踢》

例句标题使用的修辞方式是双关，具有很强的幽默感。在足球比赛中

Kick off 指的是“开球”，而标题中其与 violence 连用，这就很形象地为读者呈现出一幅画面，即开球过程中球员间相互激烈碰撞的场景，给人留下深刻的印象，也会让人想到足球比赛开球的时候队员们拳打脚踢的情景。由此翻译标题为“足球开踢，拳打脚踢”，保留并再现了原文标题中的双关修辞方式，并通过押韵增添了幽默趣味。

（二）导语

新闻的精髓在于导语，通常导语既是对整个新闻的概括，也能够直接作为简短的新闻。导语部分一般会全面且简略地叙述新闻的内容，包含新闻中所提到的各种关键因素，如什么人、什么事情、什么地方、原因、结果等。这也说明导语就是新闻内容的凝练，能够让读者直接把握要点。在读者是否对后续的新闻内容有兴趣、是否可以达到新闻传播效果、是否能够展现新闻的价值等方面，导语起到非常关键的作用。按照不同标准可以将导语分为不同的类型，针对不同类型的导语需要运用不同的翻译方法。

1. *硬新闻导语和软新闻导语*

（1）硬新闻导语翻译。概括性导语、标签式导语、要点式导语等都属于硬新闻导语，其特点表现为直接对新闻内容中各项要素进行程式性的叙述。硬导语的用词简洁、重点突出，对其进行翻译时通常采取直译法，既能够保证语序不变，也符合汉语表达习惯。

例 19：Three Chinese students are confirmed killed in early Monday’s deadly fire at a Moscow university, according to the latest information from the Chinese Embassy in Moscow.

译文：据中国驻莫斯科大使馆的最新消息，星期一早上莫斯科一所大学发生的一场致命的大火中，已确认有 3 名中国留学生丧生。

（2）软新闻导语翻译。软新闻导语一般使用更具文学性的词语对人物、对趣事等进行描写，采用文学作品中常见的一些写作手法，因而导语的语言显得更加生动、活泼且有趣。软新闻导语更能够吸引读者的兴趣，对其进行翻译时，手法的选择也要带有文学色彩，凸显文学风格，让原文与译文风格保持一致。

例 20：Motherhood and apple pie are still fine, but the thing many Americans relish most these days is owning their own homes. Two in three homes are owned by their occupants, and the lowest mortgage rates in three decades keep the numbers rising. But this does not suit everybody.

译文：母爱浓厚，苹果派味道香甜，而当前美国人所更加关注的是拥有属于自己的房子。现阶段，拥有自己房屋的美国人占 2/3，近 30 年此比例在不断升高，因抵押贷款率较低，但是这也并非适用于所有人。

由例句可以发现其开头描写了温馨的家庭生活画面，营造出温暖的氛围感，之后再将新闻事件内容导入，回归新闻主题。对其翻译也是按照直译法进行的，但在用语的选择上更具有文学色彩。

2. 原因导语和方式导语

原因导语是对“为什么”的回答，方式导语是对“怎么样”的回答。这两种导语在英语中应用较多，当旨在强调原因、方式的时候，一般将其置于主语之前的句首位置。汉语更强调对人、事的突出，因而不会将这两种导语放在句首，为此在翻译时需采取拆分倒译的方法。

例 21：Trying to pass another car while traveling at high speed brought serious injury to two men last night when their automobile overturned twice on Washington boulevard at Potter Avenue.

译文：昨晚，两名男子在波特大街与华盛顿大道路口发生车祸，严重受伤。他们的车子在试图高速超越另一辆车时连打了两个滚。

按照顺译对例句进行翻译时，会缺失主语，导致译文语义混乱，影响读者的理解。而将其进行拆分与重组后，则可以更清楚地把握其语义。此过程中所采取的倒译方法并不是随意进行的，无论句子多长，都要保证其结构部分的完整，确保原文的内容、内涵不被改变。

（三）正文

1. 调整句子结构

汉译英的过程中必须明确句子中的主要信息和次要信息，并对句子结构进行适当调整。

（1）用介词短语做状语传递次要信息。

例 22：我们围绕解决经济运行中的突出问题，注重增强宏观调整的预见性、及时性和有效性。

译文：We have worked hard to make macro-economic regulation/macro-control more proactive, responsive and effective, with focus on resolving major problems effecting economic performance.

例句由两部分组成，前一句为次要信息，后一句为主要信息。而翻译后将其整合为一个句子，其中主干结构为主要信息部分，后文则运用 with 引导的介词短语状语做次要信息，这样的译文不仅表达相当充分，句子间的结构也十分紧凑。

（2）用定语从句传递次要信息。

例 23：文化特色和个性是历史文化名城独特且珍贵的标志，历史文化名城间的文化交流与合作将极大地促进城市文化可持续发展和繁荣。

译文：Cultural exchanges among historical and culturally-significant cities, whose respective cultural features and individuality are their unique and invaluable symbols, greatly contribute to the sustainable development and prosperity of their culture.

例句中由 whose 所引导的从句表达的是原文中的次要信息部分。

2. 适当调整语序

在英译汉的过程中，常常需要调整句子的语序，通常具有以下几种情况。

（1）调整同位语的位置。

例 24：Delicious smell and succulent dishes were matched in brilliance by the Queen’s costume, a heavy pink silk crepe dress, embroidered with clusters of peonies-China’s national flower-in rose pink jewels, pearls and crystal.

译文：女王身着粉红色重绉丝裙，裙子上是中国国花牡丹的刺绣图案：一簇簇牡丹花，盛开在玫瑰红的宝石、珍珠和水晶之中。华丽的衣裙和丰盛的美食，可谓是相得益彰。

译文中将 China’s national flower 这一同位语转化为定语来对名词牡丹进行修饰，并对句子各成分的顺序进行了调整，将 the Queen’s costume 的同位语移到句首位置作为独立的句子。

（2）调整定语的位置。

例 25：This was an intelligently organized and fervent meeting in a packed Town Hall, with Mr. Strong in the chair.

译文：这是一场精心组织的会议，市政厅里济济一堂，热情洋溢，主持会议的是斯特朗先生。

按照直译法对例句进行翻译的译文是不通顺的，并且所使用的形容词定语比较重。从原文语义中可以了解到其想要传递的情感是“赞赏的”，如果将 a packed Town Hall 译为“拥挤的市政厅”，显然是不妥的。

第三节　商务英语翻译及其应用价值

随着中国改革开放进程的不断加快和全球化经济形势的发展，中国综合国力在日益提升，与此同时，中国与世界各国的经济交流和合作也日渐增多且更深入。在此过程中，为了保障交流与贸易往来的顺利进行，语言工具的合理运用是非常关键的。商务英语具有通用的优势，更是在国际经济贸易中起到重要作用。商务英语不仅具有英语文本的共性，还具有自身独有的特征。近年来，随着世界贸易往来的逐渐频繁，商务英语翻译也日益受到重视。

一、商务英语的构成与特性

商务英语主要指的是用于世界各国的商务活动中的英语，英文为 Business English。可见，英语一旦与商务活动相联系，那么就会涉及商务英语。一开始，商务英语的内涵和应用都比较狭窄，只是应用于外贸贸易。也正因如此，商务英语有了另外一个名称，即外贸英语。在全球化进程的推动下，商务英语的内涵逐渐丰富，外延逐渐拓宽，同时其应用也更加广泛，商务英语已经涉及政治、文化、教育等多个领域。

从商务英语的内涵可以看出，商务英语主要由商务活动和英语两大方面组成。商务英语主要以英语为传播媒介来传播相关活动内容，与其他英语文本的最大差别在于其拥有商务特色。除此之外，还需要指出的是，商务英语虽然由商务活动和英语共同组成，但并不是两者的简单叠加，而是商务活动与英语相互作用、相互促进、相互融合的产物。商务英语所发挥的重要作用仅依靠商务活动与英语的简单叠加是无法企及的。

不管是商务英语交际还是其他形式的语言交际都不能脱离语言环境而存在，这也是各种形式语言交际的前提。在商务语言环境中，商务话语发挥着至关重要的作用。商务话语，简单理解，就是在商务活动中使用的话语。人们在商务活动中广泛应用语言，于是就产生了商务话语。这充分说明，商务活动与语言之间本身就存在着密切的联系。语言的使用在很大程度上影响着商务活动的顺利进行，而商务活动的开展也在一定程度上影响着语言的使用特点。因此，从事商务活动的人必须根据商务活动的特点选择恰当的语言表达。除此之外，还要明确商务英语的实用性、专业性、针对性等特点，并根据这些特点来进行准确、规范的商务交流与沟通。

对于国际商务活动而言，因涉及范围、内容、领域都比较广泛，再加上必须符合客观性、现实性的需求，商务英语必然涉及丰富的专业术语、专业词汇、专业短语等，只有这样才能保证国际商务活动的顺利进行。同时，商务英语中包含的各种语言信息都与商务活动密切相关，因此，从事商务活动的人必须采用准确、得体的商务用语，否则就会阻碍商务活动的开展。

总之，商务英语是随英语的发展而产生的，是专门用途的英语，与科技英语、旅游英语的专用性相似，它们之间存在一些共同点，其中最大的共同之处就是同属于英语的范畴，具有英语基本语言基础和语言学特征。商务英语尽管是英语的产物，但由于自身的商务属性，它又形成了独有的特色——商务特色。另外，商务英语的主要应用环境是商务环境，它是世界各国之间进行商务交流和商务往来的重要语言工具。商务英语包含的内容非常丰富，从商务英语的语言结构来看，商务英语涉及很多的专业术语、专业词汇、职业套语等。同时商务英语中还有很多的委婉语，这些委婉语在商务活动中可以应用于不同的场合和对象。除此之外，商务英语无论是以口语的形式出现还是以书面语的形式出现，使用者都必须注意商务英语语言的准确性、表达的得体性以及使用场合的适用性。

（一）商务英语的构成

通过对商务英语的概念进行分析，可以知道，商务英语具有十分广泛的内涵和外延，它是商务活动顺利进行的基础，并在国际商务活动交流与合作中发挥着重要的作用。近年来，中国国力日益强盛，与其他国家进行的商务活动越来越多，商务英语越来越受到重视。要想了解商务英语，仅了解它的概念是不够的，还需要了解它的构成要素。

商务英语最为重要的用途就是商务交际。相关人员通常具备优秀的交际能力，而这是建立在优秀的语言能力基础上的。当然，只具有语言能力是不能顺利进行商务交际的。交际能力由多种内容构成，交际者需理解和掌握语言形式，以及能够根据场合、对象的不同明白应该采取怎样的交际方式和交际语言，有针对性地运用语言形式进行有效的交际。随着研究者对交际能力研究的不断深入，关于交际能力，研究者已基本形成统一认识，即交际能力具体涉及五个方面：听力能力、口语能力、阅读能力、写作能力、社会交往能力。同时交际能力强调一定的得体性和达意性。在实践性方面，商务英语注重良好的实践交际能力。

就商务英语研究而言，商务背景也是其研究的重点。在特定的商务活动环境中，商务交际者的交际技能和语言技能都受商务背景的影响和制约。商务交际技能，同时涵盖语言与非语言层面。在具体的商务活动中，商务活动的独特性质决定了语言的使用并不是随意的，它的使用与商务背景的具体内容以及商务交际者的交际技能有着紧密的关系。同时，在不同的商务活动中，有着不同的商务交际内容，自然其商务交际词汇也有所不同。众所周知，商务交际词汇在不同的商务背景、不同的专业背景以及不同语境中表现出差异化的内涵和多种意义。如果商务交际者不理解专业词汇的具体内涵和意义，不关注词汇所在上下文的语言，那么他很难顺利进行商务交际和商务翻译活动。在交际实践过程中，具体的交际技能决定了交际者将使用怎样的句型结构、说话语调以及说话节奏等。

近年来，随着商务英语的不断发展，对其的翻译也逐渐被更多人关注。

商务英语翻译是一个复杂的工程，译者要想翻译出精品佳作，就必须了解商务英语的语言特点、表达方式、背景知识、专业术语等内容。并且，翻译时译者需保证对原文理解的准确性，在忠实于原文内容的基础上，尽可能地将原文作者的思想、意图以及内容准确地表达出来。由于商务英语具有商务特性，所以它具有很多的专业术语和词汇，这些也是译者必须了解和掌握的。另外，还需要指出的一点是，一些比较简单且被人们所熟悉的词汇、短语，在商务英语中会有着特殊的内涵和意义。通常情况下，专业的背景知识信息决定着译者对翻译词汇的选择。译者要想准确地完成翻译任务，就必须掌握两种语言转换的理论知识，还要掌握商务英语所涉及的专业表达形式等。译者在进行具体的商务英语翻译时，一定要利用专业知识，然后结合自己的翻译经验对其进行准确翻译。如果在翻译的过程中，遇到了一些陌生的商务英语专业词汇、术语或短语，译者必须借助工具或请教他人，一定不能简单地取其表面意思进行翻译。

在商务英语的翻译中，译者除了具有相应的语言基础外，还需具备较强的跨文化意识，以及相应的交际能力。商务英语翻译的过程不仅重视两种商务语言相互转换的过程，还涉及两种商务语言背后文化的交流。因此，从事商务活动的人必须在理解相关商务语言的基础上，了解和掌握商务交际双方的风俗习惯、思维方式、表达方式等商务文化。只有在重视语言的基础上重视对文化的掌握，才能保证商务英语跨文化交际顺利进行。有时，参与商务活动的双方可能是不熟悉的，甚至是互不相识的，面对这种情况，如果不够了解对方的文化背景及其他信息，就极有可能出现交际失误。译者的文化背景、语言习惯不同，进行翻译时要考虑读者的文化差异性和语言差异性，尽可能满足各种人群的接受标准，采取合适的翻译方法。翻译是一个复杂的过程，也是一项比较困难的任务。究其原因，在于必须面对完全不同的两类语言，且其分别拥有不同的文化背景。翻译时，译者既需灵活转换两种不同语言，也需充分理解不同的思维观念、风俗习惯、表达方式等的文化内涵。这是对译者双语功底、双语文化甚至多元文化的综合考查。基于此，译者必须具有扎实的双语知识，还要熟悉交际双方的文化知识及表达方式，只有这样才能在国际商务活动和跨文化交流活动中出色地完成翻译任务。

（二）商务英语的特性

商务英语实际上是英语文本功能性的表现。商务英语所涵盖的知识较多，如语法、词汇、语篇等，还涉及商务方面的知识，如商务活动表达知识、商务服务知识、商务合作知识、商务金融知识等。除此之外，从技能层面来说，商务英语不仅涉及一般语言的五项基本技能，即听力、口语、阅读、写作和翻译，还涉及一些具体的实践技能，如跨文化交际、商务合作等，同时也涉及一些先进的技能，包括多媒体技术技能、信息技术技能等。商务英语涉及内容广泛、应用领域众多，可以根据其应用领域的不同，细分为谈判英语、广告英语等多个类型。商务英语作为普通英语文体的变体，不仅是一个新的学科，还是一个十分复杂的学科。另外，商务英语还具有跨学科性，因为它与很多学科交叉融合，例如其与经贸、管理、文化等都有交叉和融合。如前所述，实用性是商务英语最大的特征，商务英语的传播和发展都是以实用性为目的的，进而实现最终的商务交际目标。所以商务英语有着特殊的语言特点，这些语言特点主要集中体现在词汇、句式、语篇、修辞等方面。下面就针对商务英语的语言特点展开探讨研究。

1. 词汇的特点

不管是贸易、营销，还是法律、管理，几乎所有领域都与商务英语有着紧密的联系，但与此同时，商务英语也有一定的独立性与自身的特征。商务英语是普通英语发生社会性功能变体而产生的，它不是特殊语言的范畴。在商务英语研究中，商务英语词汇是其研究的重要内容。所谓商务英语词汇主要指的是人们在商务活动中普遍使用的、具有一定商务专业性质的、与商务活动相关的英语词汇。在各种商务交流、商务合作活动中，商务英语词汇发挥着不可替代的作用。另外，由于商务英语是专门用途英语的一部分，所以商务英语词汇也属于专门用途英语研究的范畴，它最大的特点就是专业性，也就是具有很强的商务性。同时，商务英语词汇涉及的内容比较广泛，涉及的专业词汇和术语也比较广泛。

（1）词汇形式的丰富性。商务英语词汇最为显著的特点就是词汇形式丰富多样。“单从词汇的表现形式就可以将其分为三种类型，即公文体形式、广告体形式、论说体形式。”[①] 各形式内容有差异，下面分别进行简要论述。

公文体形式在商务活动中主要集中体现在商务合同、商务信函、商务通知等方面，其具体特点主要是词汇使用集中在书面词汇，且用词比较严谨和规范，同时所使用的词语相对正式、简洁。

广告体形式的商务英语词汇自然集中出现在广告文案中，这类商务英语词汇涉及的范围极广，更新速度较快，且会产生一词多义情况。此类词汇形式不像公文体形式那样规范、严谨和正式，而是为了满足商业广告宣传的需要，具有通俗化和口语化的特点。同时，商务广告为了吸引观众，还会引进一些新造词和外来词，这样能够使商务广告更加生动、更具吸引力。

论说体不像商务广告体那样口语化和通俗化，它使用最多的就是书面词汇，也是因为如此，论说体所使用的词汇比较严谨和正式。同时，论说体这一形式大多集中出现在商务报告或商务演讲中，而商务报告或商务演讲的内容大多数是推广商品，因此，论说体还具有专业性的特点。

（2）专业缩略语的大量运用。商务英语词汇涉及范围十分广泛，不仅词汇形式多样，还包括丰富多样的专业缩略语。实际上，从商务英语词汇的发展历程来看，在商务英语出现时，商业英语缩略语就已经出现了。例如电报专用缩略语等。只是随着商务英语的发展以及商务英语词汇研究的不断深入，诸如电报专用缩略语等一些旧的商务英语缩略语已经不再使用。缩略词不仅在科技英语中大量存在，它在商务英语词汇中也比较常见。例如，词汇 intro 是 introduction 的缩略，memo 是 memorandum 的缩略。

（3）新词汇层出不穷。商务英语除了具有上述两个特点以外，还具有新词汇多的特点。随着商务活动的持续增加、国际商业的蓬勃发展，一些新科技、新思想、新工艺、新技术等出现在商务活动中。这些新的“东西”的出现必然会带动商务活动中新的词汇的出现。

纵观一些新的词汇，如 Cyberspace、online publishing、value added service 等，可以发现，这些关于商务英语的新词汇大多是复合词，也被称为合成词，即两个或两个以上的词汇按照一定的英语构词法规则进行组合，最终形

① 郝晶晶 . 商务英语教学理论与改革实践研究 [M]. 成都：电子科技大学出版社，2017：10.

成一个新的词汇。实际上，一词多义在某种程度上也增加了新的词汇。例如，discount 在进出口贸易活动中被翻译为“折扣”，在金融领域则用于表示“贴现”“贴现率”。

2. 句式的特点

商务英语属于一种使用文体，因此，商务英语最突出的句式特点就是严密性、准确性和简洁性。如前所述，商务英语是在商务活动中使用的英语，正是因为如此，商务英语这一文体更加注重商务内容的时效性、商务表达的准确性以及商务活动的逻辑性。所以通常情况下，商务英语的结构比其他文体要复杂和规范，且文体比较正式。商务英语广泛应用于商务投标、商务招标、商务合同等领域。另外，商务英语在句式上力求规范、准确、客观和正式，所以商务英语经常会以长句的形式出现。同时，还需要指出的是，一些普通英语文体中常见的句式如虚拟句式、倒装句式等很少出现在商务英语中。

（1）句式简洁，表达准确。商务英语的句式还体现出简洁性的特点。这些特征常见于商务英语的排比句、简单句以及一些比较简短的复合句中。简洁的句子有助于商务信息的广泛传播，有利于从事商务活动的人理解商务信息，有利于商务活动的顺利开展。

（2）被动句式较常见。众所周知，在汉语的日常表达中通常以第一人称为主，第三人称的使用相对较少，因此，被动句式在汉语表达中并不常见。“而在商务英语中，为了保证叙述过程的准确性和严密性，通常会使用第三人称进行叙述，因此，被动句式在商务英语中比较常见。”[①] 这样有利于避免第一人称和第二人称带来的主观臆断现象。

另外，在商务英语中使用被动句式，其强调的重点主要在于做的内容和做的方式，而不再强调实施这一动作的人。由此可知，商务英语中被动句式的作用是不可忽略的，其能够提升商务信息的客观性和准确性，也可以增强商务信息的可信度等。因此，在一些比较严肃的商务文体中，被动句式更为常见。

（3）经常使用长句、复合句、并列复合句。商务英语的句式简洁而且表达十分准确，这样有利于从事商务活动的人理解和沟通。但是鉴于商务英语

① 姜伟杰 . 商务英语教学理论研究 [M]. 长春：吉林大学出版社，2016：12.

的专业性以及严谨性、准确性等特点，商务英语也会经常使用长句、复合句以及并列复合句，尤其是在经贸合同中，这些复杂句式比较常见。另外，还需要指出的是，商务英语的句式结构比较复杂，通常需要借助许多短语、从句对句子进行详细的说明与限定，这样一来，商务英语的句子就容易显得冗长，有些句子甚至能够单独成段。

3. 语篇的特点

商务英语在语篇结构方面十分注重逻辑性，强调语篇内容的连贯性，在通常的表达中首先进行的是综合思维，然后进行的是分析思维。可见，商务英语在语篇表达中具有一定的独特性和共性。同时，语篇特点在很大程度上能够集中体现其词汇特点与句式特点。综合来看，商务英语的语篇结构合理、语言简练、内容具体、论述客观。下面针对商务英语的语篇特点展开具体分析。

（1）标题简洁醒目，多用缩略语。通常情况下，商务英语语篇的标题都比较简洁醒目，透过标题能够准确地了解语篇论述的主要内容。同时，商务英语语篇的标题还要生动形象，如此可吸引读者及增扩影响范围。

除此之外，商务英语的标题通常采用简单句式。而这些简单句式又常以陈述式、疑问式等为主。同时，商务英语的标题还具有简洁性、突出主题性的特点，因此，商务英语的标题还会加上一些标点符号，以便进一步突出商务英语的标题特点。例如破折号、冒号等比较常见，而句号一般不会被使用。

（2）语体规范正式。众所周知，商务英语是一种以商务活动为主题的专门用途英语。商务英语的商务特色，决定了商务英语在使用和表达中不能像一般英语文体那样随意和口语化。换言之，在商务英语具体使用过程中，从事商务活动的人必须在平等合作的基础上，使用规范化、正式化、通用化的商务语体进行沟通和交流。可见，语体规范正式也是商务英语语篇的一大特色。

（3）按照既定模式构建行文结构。商务英语主要用于跨国商务活动中，它的使用语境较为特殊。因此，商务英语在语篇结构上通常使用固有模式。这种语篇特点在商务英语信函中相对突出。

第一，解析型语篇结构模式。这一模式常被应用在商务英语语篇中，具体是指先划分语篇整体，将大问题分割为多个小问题，再依次对小问题进行分析与处理。一般而言，在购销合同与个人简历中会大量使用解析型的语篇结构。

第二，比较-对比型语篇结构模式。在商务英语语篇中，要想论述商务英语商品、服务等方面的相同点和不同点，可以在商务语篇中采用比较-对比型语篇结构模式。众所周知，比较是对两个方面相似性的分析，而对比主要是对两个方面的不同之处进行的分析。比较-对比型语篇结构模式常见于商务英语的信函、商务英语调查报告中。

4. 表达方式的特点

（1）委婉。众所周知，商务英语主要运用于商务活动中。从事商务活动的人来自不同的国家或地区，为了能够顺利交际，以及更好地理解对方的思想想法、情感观点，可以在表达中运用委婉、模糊的话语。

委婉语或模糊语的内涵并不大，而外延却不小，能够使交际的观点被对方接受，它具有包容性大的特点。同时，委婉语和模糊语还具有一定的弹性，能够给从事商务活动的人留下一定的回旋空间。除此之外，从事商务活动的人在使用委婉或模糊的商务英语进行交际时，还必须遵循礼貌原则。只有这样，从事商务活动的人才能在商务活动中顺利沟通和交流，从而为商务合作奠定基础。

（2）夸张。商务英语不仅经常使用委婉的表达方式，还会使用夸张的修辞手法。商务英语中所应用的夸张手法不是盲目进行夸大，也不是毫无根据地进行运用，而是从事物的本质入手，在内在层次上对其使用夸张的修辞手法。换言之，夸张就是以事物的本质为基础，运用想象的方式，对事物的特征、内在进行扩大，从而达到增强事物表达效果的目的。在商务英语中运用夸张，不仅能够提高商务英语的感染力，还有利于商务活动的顺利进行。如商务英语广告中经常使用夸张手法，其目的主要是起到点石成金的作用。同时，夸张手法因其语言简练、形象等特点在很大程度上促进了商务英语广告的传播。

（3）排比。在汉语、英语表达中，排比手法都起着至关重要的作用。排比其实就是把结构、意义、语气等相同或相近的词语、句子并列使用的一种手法。排比的结构是平行的，虽然在表达中并没有明确对不同事物之间的相同点、不同点或内在关系进行说明，但交际双方能够从中了解到不同事物之间的内在关系等。在商务英语语篇中使用排比结构，可以使文章表达更具节奏感，有助于突出重点。

二、商务英语翻译的标准与原则

（一）商务英语翻译的标准分析

1.“信、达、雅”的翻译标准

“信、达、雅”的翻译标准是由清代翻译家严复提出的，对其的具体解释主要见于《天演论·译例言》中。

（1）“信”。“信”是严复翻译标准的基础原则，其核心就是对原文思想、观点、内容等的忠实。它强调译者对原文的忠实性，即将原文的内涵、内容尽可能完整而准确地翻译出来，并强调译者不能对原文的内容进行任何的改动，也不准对原文的内容有任何的遗漏。

（2）“达”。“达”是严复翻译标准对表达过程的要求，也就是在忠于原文的基础上做到译文的通顺和规范。

（3）“雅”。“信”与“达”是“雅”的基础，“雅”是严复翻译标准对最终译文的最高要求。

严复翻译标准在翻译界产生了深远的影响。同样地，商务英语翻译也受到这一翻译标准的影响。在商务英语翻译中，“信、达、雅”也是必须遵循的标准，即要严格忠实于原文内容，做到语言的准确和严谨，还要保证商务英语翻译译文的通顺性和易懂性，做到语言的通俗易懂。更为重要的是，还要注意商务英语翻译译文的得体性，即“雅”在商务英语翻译中的体现。

2.“直译”与“意译”的选择

直译和意译是翻译的两种基本方法。在商务英语翻译中，译者必须坚持能直译的地方就直译，需意译则意译的基本原则。

（1）直译。这种方法在非文学体裁的翻译中是最常见的。

（2）意译。意译也被称为自由翻译。英汉语言的差异不只体现在一个方面，当原文的形式和内容存在一定的矛盾，不能同时兼顾时，译者就不能采用同时兼顾原文内容和形式的方法——直译法，而需要采用一种注重原文内容、处理形式灵活的方法——意译法。

3. 英语翻译的“三原则”标准

翻译的“三原则”标准：第一个原则是译者必须完整地将原文的思想表达出来；第二个原则是译者必须保持原文的风格以及原文作者的笔调；第三个原则是译者必须保证译文的通顺、流畅。泰特乐在当时提出这一标准时主要倾向于文学体裁翻译，尤其是强调了这一标准适用于对诗歌的翻译。实际上，翻译的“三原则”标准的适用范围十分广泛，可以在所有文体翻译中使用这一翻译标准。另外，翻译的“三原则”标准强调原文与译文的一致性，其中最重要的就是让两种语言的读者均获得一致性的体会，产生同样的阅读反应，这在商务英语翻译中有着重要作用。例如，译者在翻译商务信函时，不仅需精确、完整地翻译内容，也要尽可能地使收信者产生发信者所期待的反应。

4.“功能对等”的翻译标准

奈达的翻译标准主要强调的是功能对等性，主要强调原文与译文在诸多方面的对等，如内容上、风格上和内涵上等。这一翻译标准也适用于国际间的商务翻译，必须保证原文信息与译文信息的对等。

（二）商务英语翻译的基本原则

第一，忠实性原则。这是商务英语翻译的重点，也是译者在翻译商务英语过程中必须遵守的原则。忠实性原则主要强调的是译者的译文与原作者的原文信息对等，这也是由商务英语的性质决定的。

第二，准确性原则。准确性原则也是译者在翻译商务英语过程中必须遵循的原则。这一原则的重点就是准确，即翻译时译者需将原文的内容、思想等信息完整、准确地表达出来，从而达到商务活动的目的。

第三，通顺性原则。无论是商务英语翻译还是其他形式的语言翻译，均需把握好此原则。具体指译者在翻译商务英语时必须使译文的词汇、句子通俗、顺畅，同时符合商务活动的规范和要求。

三、商务英语翻译美学价值的提升策略

（一）把握文化背景的差异

由于中西方处于不同的地理位置，有着不同的发展经历，且气候、习俗等相差甚大，因而中西方的文化也存在较大的差异，这种文化差异也会对英语和汉语这两种语言产生较大的影响。这就要求译者在具体的翻译实践中要了解作者所处的时代背景以及文化体系，从而准确翻译作品，避免由于不了解中西方在某个方面的文化差异而出现错误的翻译，造成文化冲突。世界由多民族构成，文化体系、风土人情均各有特点，翻译很大程度上受文化影响。因此译者在开展商务英语翻译工作时，需谨慎、充分地考量，不能使译文出现错误和歧义。

（二）讲究翻译专业术语对等

所谓专业术语通常是指应用到很多专业领域或者专业学科中的词汇，这些词汇一般具有单义性。单义性，顾名思义就是指专业术语的语义应该是准确且唯一的，不能有歧义。商务英语中有很多专业术语，因而译者要想准确翻译商务英语，其前提条件就是要准确理解商务英语中的专业术语，同时了解商务汉语中相应的专业词汇。这就要求译者要广泛大量学习和了解其他学科的专业知识等，从而在翻译时能够准确翻译与商务英语相关的专业术语。

商务英语翻译需要遵循一定的参考标准，其中最重要的标准就是翻译的功能对等。翻译时，译者必须重视译文中的词语选择，注重词语的文化背景以及逻辑性等，尤其是译者在选择专业词汇时一定要十分谨慎。

（三）语篇得体

商务文体的类型是非常多的，并且不同文体类型的翻译特征也是不一样的，例如广告类型、公文类型等。文体的类型不一样，其翻译的风格和整体的方向也就不一样，在对商务英语进行翻译的时候，如果我们要想使其更为合理，就需要深入了解各种不同的文体，并且在对文体进行了解的基础上，

再根据各个不同文体的特点来翻译。

例如，契约文体。通常而言，大部分的契约文体的语言都是很正式的，并且具有严谨性。在对契约文体进行翻译的时候，我们要非常注意的一点就是尽可能地不要使用一些弹性比较大的不经常使用的词语。相比较而言，公文文体的语言比较形式化、程式化，但不失庄重。除了契约文体和公文文体外，还有一种常见的商务文体，那就是广告文体。在翻译广告文体的时候，翻译的文本必须具有一定的吸引力，使人们可以根据广告文本对产品进行一定的了解，进而产生想要去购买产品的想法。因此，进行商务英语翻译时，译者需要先确定翻译文本是哪一种文体，然后根据文体来选择翻译的方法。

四、品牌名称翻译的原则和方法

经济与贸易呈现全球化交融的特点，且其交融愈加频繁与深入，商品的竞争日益激烈。产品的品牌是进入国际市场的名字，这个名字也是一张让世界知晓的名片。品牌名称的翻译是商务英语的翻译的化身，它包含不同的文化、信仰、心理和习俗。实践证明，一个好的品牌翻译会带来巨大的经济效益。英文品牌名称的翻译是译者一项重要而紧迫的任务，译者应遵守英文品牌名称翻译的原则，同时充分考虑品牌名称的文化内涵，结合实际选择合适的翻译方法对其进行翻译。

（一）品牌名称的翻译原则

品牌名称的翻译应遵循以下原则：

等效原则。等效原则意味着翻译应该适当、精确并且可以表达原意和反映原始风格。评估一个品牌名称的翻译的好坏是基于人们对该翻译的反应。最贴近而又自然的对等翻译能唤起读者与源语言的读者相似的反应。如果译文读者可以像源语言读者欣赏原始文本那样欣赏译文的话，那么这个翻译就是成功的。例如，化妆品品牌名称 Clean & Clear 意思是干净的、新鲜的或舒适的。原始的信息显示，如果使用该产品，皮肤会变得干净、清洁。翻译成汉语“可伶可俐”，能让中国消费者也有干净、整洁和清新的感觉。

简洁原则。一个成功的品牌名称翻译应该是简明的、方便客户记住的，那么一个好听的发音也就至关重要。例如，Mercedes-Benz 刚开始被翻译成“默赛德斯本茨”，这个名字非常难记。后来，人们将其翻译成“奔驰”就容易记多了。Sprite 和 Fanta 是两种饮料的品牌名称，它们被译为“雪碧”和“芬达”，都是很好记的名字。又如 Samsung 译成“三星”，Toshiba 译成“东芝”，Audi 译成“奥迪”，Buick 译成“别克”，Mag 译成“美格”等，这些翻译都非常简洁明了，易于记忆和发音。

审美原则。审美原则要求译者充分考虑个性、文化内涵和审美感受。美学原理关注声音、形式和意义的完美结合。例如 Dunhill（登喜路），Swatch（斯沃琪），TaTa（他她），Flora（芙露）和 Dove（德芙）等，生动而形象，给人们一种美感。

（二）品牌名称的翻译方法

1. 直译法

中西文化有许多相似之处，许多英语品牌可以逐字翻译。如英文品牌 Crown 可以直接译成“皇冠”，American Standard 译成“美标”，以及 Camel 译成“骆驼”等。这些翻译的明显特征是能给消费者留下深刻印象，以促进商品的销售。通过直接翻译，我们可以保留原品牌的创意，维持原品牌的风格和意义。适当地使用这种方法可以极大地帮助译者为一个产品创造良好的形象。然而，如果使用这种翻译方法会导致误解的话，就必须考虑其他方法。

2. 意译法

因为中西文化的不同，译者可转向使用意译法。Rejoice 的翻译就恰当地使用了意译法。Rejoice 的意思是“感觉快乐、自由”。如果这个名称逐字逐句翻译成中文不具美感。所以，译者把它翻译成“飘柔”。这个名称倍受人们的欢迎和赞美，因为它让消费者联想到光泽柔软的头发，从而强调了产品的优良品质。还有其他的英文品牌名称的翻译也用了意译法，如 BMW 译成“宝马”，Crest 译成“佳洁士”，Pepsi Cola 译成“百事可乐”等。

3. 音译法

有些品牌名称根据源语言的发音，如同音或谐音来翻译的。使用这种方法，译者应尽量选择和源语言发音相近的中性的词。例如，Sony 译成“索尼”，Ford 译成“福特”，Motorola 译成“摩托罗拉”等。

4. 意译和音译相结合

有些品牌名称是从发音和意义两方面来考虑的。例如 Simmons 可译成“席梦思”。除了发音上有相似性之外，也能引发对“梦”的联想，与其品牌产品形成联系。运动鞋 Nike 译成“耐克”，可让人想到经久耐穿的鞋。Pantene 译成“潘婷”，可以引发对长发飘飘的女孩的联想。相似的还有 Budwiser 译成“百威”，Safeguard 译成“舒肤佳”等。这些品牌的翻译形象生动活泼，更重要的是，它们很容易被消费者接受，可以带给消费者更多的想象力，会刺激更多的消费。

除了上面这些方法以外，还有许多其他英语品牌名称翻译的方式，有些只运用一种方法，而有些则综合运用多种方法。无论使用什么方法，都应该遵循忠实性、简洁性、优雅性的原则，保持原品牌名称的内涵和风格，以便受众可以正确认识它们。

参 考 文 献

一、著作类

[1] 白靖宇 . 文化与翻译：修订版 [M]. 北京：中国社会科学出版社，2010.
[2] 毕秀英，张泽芬，张云霞 . 英汉翻译理论与实践 [M]. 成都：西南交通大学出版社，2008.
[3] 曹文娟，张婷 . 英语翻译教程 [M]. 长春：吉林人民出版社，2019.
[4] 常燕 . 英语翻译多维视角新探 [M]. 北京：中国水利水电出版社，2016.
[5] 段云礼 . 实用商务英语翻译 [M].2 版 . 北京：对外经济贸易大学出版社，2013.
[6] 郝晶晶 . 商务英语教学理论与改革实践研究 [M]. 成都：电子科技大学出版社，2017.
[7] 胡蝶 . 跨文化交际下的英汉翻译研究 [M]. 长春：东北师范大学出版社，2018.
[8] 姜伟杰 . 商务英语教学理论研究 [M]. 长春：吉林大学出版社，2016.
[9] 金朋荪 . 大学英语翻译理论与实践 [M]. 武汉：华中科技大学出版社，2009.
[10] 坎曼丽 · 麦麦提，彭小燕 . 新编商务英语翻译教程 [M]. 成都：电子科技大学出版社，2017.
[11] 乐国斌 . "互联网 +" 时代商务英语教学模式研究 [M]. 长春：东北师范大学出版社，2018.
[12] 李俊清 . 商务英语翻译实践 [M]. 成都：电子科技大学出版社，2017.
[13] 李太志 . 商务英语言语修辞艺术 [M]. 北京：国防工业出版社，2006.
[14] 李雯，吴丹，付瑶 . 跨文化视阈中的英汉翻译研究 [M]. 长沙：湖南师范

大学出版社，2018.
[15] 李侠 . 英汉翻译与文化交融 [M]. 成都：电子科技大学出版社 .2020.
[16] 李智 . 当代翻译美学原理 [M]. 北京：知识产权出版社，2013.
[17] 廖芸 . 商务英语翻译教程 [M]. 北京：对外经济贸易大学出版社，2016.
[18] 刘曼华，赵坤 . 商务英语翻译 [M]. 北京：中国商务出版社，2014.
[19] 刘宓庆，章艳 . 翻译美学教程 [M]. 北京：中译出版社，2016.
[20] 田传茂 . 翻译与文化 [M]. 北京：中国社会科学出版社，2017.
[21] 邢丽华，杨智新 . 商务英语翻译理论与实践应用探索 [M]. 北京：新华出版社，2015.
[22] 余静娴 . 大学英语通用翻译教程 [M]. 北京：对外经济贸易大学出版社，2014.
[23] 苑春鸣，姜丽 . 商务英语翻译 [M]. 北京：外语教学与研究出版，2013.
[24] 张万防，黄宇洁 . 翻译理论与实践简明教程 [M]. 武汉：华中科技大学出版社，2015.
[25] 周婷 . 大学英语翻译技巧与实践教程 [M]. 武汉：华中科技大学出版社，2017.
[26] 周志培 . 汉英对比与翻译中的转换 [M]. 上海：华东理工大学出版社，2003.
[27] 朱风云，谷亮 . 英汉文化与翻译探索 [M]. 北京：北京理工大学出版社，2017.

二、期刊类

[1] 安新奎 . 中餐菜名的翻译及前置词的使用 [J]. 中国俄语教学，2016，35（3）：40-44.
[2] 廖越英 . 审美客体与主体在文学翻译中的体现 [J]. 新疆财经大学学报，2011（2）：48-51.
[3] 裴琳 . 英文品牌名称的文化内涵及其翻译方法探析 [J]. 柳州职业技术学院学报，2020，20（3）：115.

[4] 皮谨煜．高校英汉翻译理论与技巧教学探究：评《翻译理论与技巧》[J]. 新闻与写作，2016（6）：116.

[5] 邱光华．英汉翻译中的跨文化视角转换及翻译技巧 [J]. 英语教师，2018，18（11）：70-72.

[6] 荣立宇，崔凯．方言・文学・翻译 [J]. 西华大学学报（哲学社会科学版），2019，38（2）：13-18.

[7] 荣子英．语篇翻译探析 [J]. 考试周刊，2014（62）：27.

[8] 沈康．跨文化交际汉英翻译中的区别与融合 [J]. 海外英语，2017（11）：103-104.

[9] 沈琳琳．文化传播语境下高职英语外译教学原则分析：以服饰文化翻译为例 [J]. 职教论坛，2015（35）：70-73.

[10] 滕静雅．浅谈英汉翻译中的长句翻译 [J]. 海外英语，2019（12）：46-48.

[11] 王萱．服装英语的特征与翻译策略：评《服装英语翻译概论》[J]. 印染助剂，2018，35（3）：5.

[12] 王悦．翻译美学视域下英文诗歌汉译的审美再现 [J]. 文教资料，2021（15）：29.

[13] 魏姝．国内符际翻译研究透视 [J]. 北京邮电大学学报（社会科学版），2013，15（5）：93.

[14] 徐代．跨文化翻译中的异化与归化分析 [J]. 海外英语，2018（23）：163-164.

[15] 杨丹．翻译美学理论视角下的散文英译 [J]. 散文百家（理论），2022（3）：89.

[16] 杨柳，王涵．论现代文化的象征性 [J]. 青春岁月，2015（12）：542.

[17] 张云霞．小说翻译的两大基本技巧 [J]. 开封文化艺术职业学院学报，2020，40（6）：43.

[18] 朱敏，何莉．英语翻译中的美学意识培养再谈 [J]. 吉林广播电视大学学报，2019（11）：147.

[19] 庄小燕．从语言功能看饮食习语的英汉互译 [J]. 校园英语，2017（31）：225.